L'abbé N. COUTURIER.

La Servante de Dieu

GIUSEPPINA FARO

de PEDARA (Sicile)

LANGRES
IMPRIMERIE MAITRIER et COURTOT
8, rue Tassel, 8

1902

La Servante de Dieu

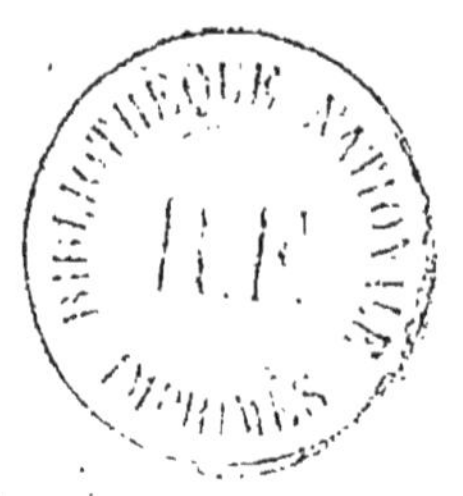

Giuseppina Faro

L'abbé N. COUTURIER

La Servante de Dieu

GIUSEPPINA FARO

de PEDARA (Sicile)

LANGRES

IMPRIMERIE MAITRIER ET COURTOT

1902

Afin d'obéir au Décret du Pape Urbain VIII, de sainte mémoire, je proteste que tout ce qui est raconté dans cette Vie de la Servante de Dieu, Giuseppina Faro, n'a qu'une autorité purement humaine, et je remets le tout au jugement et à la décision du Saint-Siège, dont je veux être toujours le fils très humble et très obéissant.

N. COUTURIER,

Prêtre,

Professeur à la Maîtrise de Langres.

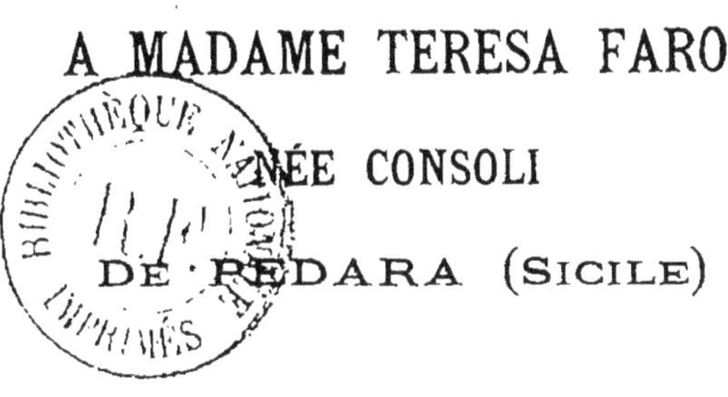

A MADAME TERESA FARO

NÉE CONSOLI

DE PEDARA (SICILE)

Très illustre Dame et très chère Mère,

J'ose inscrire Votre nom en tête de ce petit volume où j'ai essayé d'esquisser la vie de la Servante de Dieu GIUSEPPINA FARO, *Votre fille bien-aimée.*

Que Votre modestie me le pardonne !

En agissant ainsi, je ne veux point Vous offrir des louanges et des félicitations qu'il appartient à Dieu seul de Vous décerner. Mais j'ai contracté envers Vous une grande dette de reconnaissance, et je me sens incapable de la payer. Du moins je désire la reconnaître publiquement en Vous dédiant ce modeste travail.

D'ailleurs en passant par Vos mains maternelles, ces humbles pages — Vos prières aidant — obtiendront, je l'espère, par l'intercession de la douce Vierge de Pedara, l'efficacité que je leur désire.

Votre très reconnaissant serviteur et très humble fils en J. M. J.

N. COUTURIER.

La Vie de la Servante de Dieu, Giuseppina Faro, *a été publiée en italien une première fois par le R. P. Felice Caruso, capucin missionnaire de Bronte ; une seconde fois par M. l'abbé Salvatore Gaeta, de la Congrégation des Missions, du clergé de Naples.*

Ces deux ouvrages ont fourni les matériaux du présent volume. Il n'est pas jusqu'aux réflexions qui accompagnent les faits qui n'aient été puisées dans l'une ou l'autre de ces deux Vies. *Je tiens à le dire et à indiquer par là mon humble rôle en cette publication.*

La Vie de Giuseppina Faro *n'est pas une œuvre d'érudition, ni de littérature. En la publiant, je n'ai eu qu'un désir : faire connaître une âme profondément humble et douce, obéissante et pure, dévouée à Dieu et au prochain jusqu'à l'héroïsme.*

Les personnes pieuses, les jeunes filles plus spécialement. et surtout les Enfants de Marie, trouveront dans Giusèppina un modèle accompli des vertus qu'elles doivent pratiquer.

Il semble que Dieu veut glorifier, même sur la terre, cette âme si simple et si modeste. Les faits prodigieux qu'on trouvera relatés à la fin de ce volume, et qui sont attribués à son intercession, donnent lieu de le penser.

D'ailleurs, l'autorité diocésaine de Catane s'est préoccupée de ces faits et de la réputation de sainteté de Giuseppina ; elle a déjà commencé l'examen canonique de ce qui a trait à la vie de la Servante de Dieu, ainsi qu'aux grâces et faveurs obtenues par les personnes qui l'ont invoquée.

Puisse cet humble travail encourager d'autres personnes éprouvées par les souffrances physiques ou morales, à s'adresser avec confiance à cette douce et compatissante Giuseppina, pour obtenir par son intercession les consolations et les secours dont elles ont besoin !

Puisse-t-il exciter dans le cœur des personnes qui le liront le désir de ressembler à l'angélique vierge de Pedara !

En la fête de saint Joseph,
le 19 mars 1901.

ÉVÊCHÉ

DE

LANGRES

—✳—

Langres, le 16 mai 1901.

En la fête de l'Ascension de Notre-Seigneur.

CHER MONSIEUR L'ABBÉ,

Béni soyez-vous pour la bonne et sainte pensée qui vous a porté à écrire le récit de la vie, de la mort et des faits prodigieux attribués à l'intercession de la Servante de Dieu, Giuseppina Faro !

Ce faisant, vous avez réalisé la parole prophétique de Monseigneur l'Archevêque de Catane qui, devant une manifestation extraordinaire de la douce Servante de Dieu à votre égard, vous disait : « Sans doute Giuseppina veut se faire connaître en France. »

Oui, cher Monsieur l'abbé, faites connaître aux âmes françaises la vie de cette parfaite Giuseppina Faro ! Les âmes pieuses dans le monde, les religieuses dans leur cloître et les cœurs épris d'amour de Dieu trouveront à sa lecture un reconfort et un encouragement puissants. Elles y verront ce que peut la vertu d'obéissance arrivée à sa plus haute perfection et les effets merveilleux que produisent dans une âme détachée de tout les vertus de pureté et de charité.

Oh ! oui, c'est de tout cœur que je bénis votre pieux travail, et c'est avec ferveur que j'invoque, moi aussi, la douce Servante de Dieu qui — maintenant que je la connais, j'en partage l'espoir avec vous, — sera certainement un jour placée sur nos autels !

Mais, laissez-moi vous le dire, cher Monsieur l'abbé, ce dont je suis le plus reconnaissant à la divine Providence dans cette manifestation d'une vie exemplaire, c'est de l'heureux choix de l'aide qu'elle s'est donnée pour la porter à la connaissance de tous. Vous méritiez si bien l'insigne honneur d'écrire angéliquement une vie angélique...

En lisant aujourd'hui votre pieuse et captivante brochure, comme en entendant, naguère encore, le superbe chant que vous avez composé en l'honneur de la douce Servante de Dieu, une conviction s'imposait en moi. Oui, Giuseppina Faro a vraiment eu la vie et la mort d'une sainte ; mais, pour la bien chanter comme pour bien parler de sa sainteté, il fallait, après les accents de l'artiste, la plume d'un prêtre tel que vous.

Bon succès, bon courage, cher Monsieur l'abbé ! Le cœur de votre Evêque est avec vous et vous bénit avec une paternelle et reconnaissante affection.

† SÉBASTIEN, *Evêque de Langres.*

LA SERVANTE DE DIEU

GIUSEPPINA FARO

I

NAISSANCE DE LA SERVANTE DE DIEU, SON ENFANCE,

SA VOCATION A UNE VIE PARFAITE.

Sur le flanc oriental du mont Etna, en Sicile, à douze kilomètres de Catane, près d'une église consacrée à l'Annonciation, s'étend un village de 3400 habitants, nommé Pedara. Entouré de vignes fertiles, dominé par les collines du redoutable volcan, Pedara, en son site délicieux, est un lieu privilégié où fleurissent la religion et la civilisation.

C'est là que le 19 janvier 1847 naissait une charmante enfant qui devait illustrer sa famille et sa patrie par l'éclat de sa sainteté. Son père, médecin de grand mérite, se nommait *Alfio Faro,* et son excellente mère *Teresa Consoli.* Tous deux se distinguaient par leur piété et leurs vertus, surtout par leur charité envers les pauvres. Le docteur Faro n'exerçait sa profession qu'en leur faveur, et leur venait en aide par de généreuses aumônes ; aussi disait-on de lui qu'il était leur « père ». Il mourut à Pedara le 23 janvier 1881, universellement regretté à cause de ses vertus. Madame Thérèse Faro, suivant les traditions de son illustre famille, continue à être la mère des pauvres ; et ses enfants Emmanuel, François, Rosarie et Louise imitent son exemple.

L'aimable enfant que Dieu leur envoyait, et qui était la troisième de la famille, reçut au baptême le nom de *Giuseppina,* Joséphine. Dès son bas-âge on remarqua que Dieu l'avait prévenue de ses grâces et de ses plus douces bénédictions. Jamais elle ne causa le moindre ennui à ses bons parents, jamais elle ne se montra inquiète ou impatiente, jamais on ne l'entendit pleurer ni crier. La piété germait visiblement dans son cœur. Encore toute petite, elle se dégageait des bras de la servante qui la portait, lorsqu'elle entendait la cloche de l'église paroissiale annoncer la bénédiction du Très Saint Sacrement, se mettait à genonx et se frappait dévotement la poitrine. Elle manifestait déjà le grand bonheur qu'elle éprouvait à assister aux saints offices, à apprendre les premières notions de la foi et surtout à s'adonner à la prière. Sa cousine, Angèle Consoli, rapporte que souvent ses parents la trouvaient dès le grand matin agenouillée et priant. Sa pieuse mère s'efforça surtout d'implanter dans le cœur innocent de Giuseppina la plus tendre dévotion envers la sainte Vierge. Ce précieux germe d'une piété solide produisit en elle, comme on le verra, les fruits d'une suréminente sainteté.

Avec quelle joie, quelle ferveur, quel amour, Giuseppina reçut Jésus dans son cœur pour la première fois, il serait difficile de le dire. La journée de la première communion renferme des secrets ineffables que le cœur garde pour lui seul et qui ne seront révélés qu'au ciel. Ce qui est certain, c'est qu'à dater de ce moment Giuseppina ne cessa de soupirer après la divine Eucharistie et qu'elle s'approcha aussi souvent que possible de la Sainte Table. Elle reçut ainsi, don sublime et rare, la grâce de conserver dans toute sa fraîcheur la blanche robe de son innocence.

Qu'elles sont cruelles les mères qui ne se soucient pas d'élever leurs filles dans la crainte de Dieu ! Crainte salutaire, la plus belle parure d'une jeune personne et la base d'une véritable éducation où l'on doit chercher moins à orner l'intelligence

qu'à diriger la volonté vers le bien ! Les jeunes
filles sans la crainte de Dieu sont de frêles fleurs
auxquelles manque la sève vitale ; le premier coup
de vent les jette, flétries, sur le sol.

Giuseppina grandissait et atteignait ses douze
ans. A la piété, à la vivacité de l'esprit, à la finesse
de l'intelligence, elle joignait la beauté et l'amabilité. Mais elle était simple et candide comme un
enfant. Les seuls défauts qu'on remarquât en elle,
étaient une recherche exagérée de propreté et de
bonne mise en ses vêtements et une certaine exi-
gence à se faire servir avec exactitude et empressement ; petites faiblesses de jeune fille qu'elle a
regrettées et pleurées toute sa vie comme si elle
eût gravement offensé le Seigneur.

Des personnes de sa famille, se trouvant à
Catane, allèrent quelquefois au théâtre. Giuseppina,
bien jeune encore, les y accompagna par obéissance. Ce souvenir lui fit verser plus tard des
larmes amères de regret.

Un jour de carnaval, des parents et des amis
étaient venus voir la famille de Giuseppina pour
passer ensemble quelques instants de distraction.
Sa mère voulut qu'elle se joignit aux invités pour
danser, et lui commanda d'accepter l'invitation de
ceux qui l'en prieraient. Giuseppina conjura
Madame Faro de la laisser danser avec ses sœurs
et ses amies seulement, ce qui lui fut accordé. Or,
comme elle s'apprêtait à danser avec une de ses

sœurs, Giuseppina se sent tout à coup poussée par une force irrésistible avec une telle violence qu'elle tombe à la renverse. Sa mère accourt au bruit, voit sa fille à terre et la croit évanouie ; mais Giuseppina se relève en souriant. Madame Faro comprit la leçon divine et ne demanda plus jamais à sa chère enfant de danser. Celle-ci en fut très heureuse, car il lui en avait coûté d'obéir.

Douée d'une oreille délicate et d'une belle voix, Giuseppina avait de grandes aptitudes pour la musique. Elle l'apprit bien vite sous la direction d'une personne versée dans cet art.

Cependant rien n'indiquait encore la perfection extraordinaire à laquelle elle allait s'élever en correspondant promptement et joyeusement aux inspirations divines.

Un jour Giuseppina eut à exécuter un morceau de chant tiré d'une œuvre de théâtre ; le théâtre actuel, on le sait, est devenu une école d'immoralité. La candide enfant, éloignée de toute idée mondaine, en éprouva un sensible chagrin. Tout à coup, elle entend une voix suave et divine qui lui dit : « *Giuseppina, laisse de côté la musique profane, et apprends la musique céleste.* » D'abord étonnée et interdite, elle se sent bientôt pénétrée d'une sainte et indicible joie et d'un désir ardent d'acquérir toutes les vertus. Elle veut s'y adonner entièrement en consacrant son esprit, son cœur, et tous les talents dont elle est douée, à Jésus très aimant et à Marie immaculée. Giuseppina avait alors à peine treize ans. A dater de ce moment, sa correspondance à la grâce fut exacte, prompte et persévérante ; aussi fit-elle des pas rapides dans le chemin de la plus haute perfection.

Heureuses les âmes attentives à écouter la voix intérieure du divin Esprit, et promptes à y répondre fidèlement !

PEDARA

II

ELLE PREND LA RÉSOLUTION DE SE CONSACRER A DIEU.

ELLE ÉVITE LES FAUTES LES PLUS LÉGÈRES.

ONVERSER avec Dieu dans la prière, brûler de connaître et d'accomplir ses moindres volontés, se sanctifier pour être moins indigne de Lui : voilà l'occupation du cœur touché par la flèche du divin amour. Voilà quelle fut dès l'âge de treize ans toute l'occupation de Giuseppina. Eclairée par une lumière céleste en même temps que sollicitée par la voix du Seigneur, elle résolut de se consacrer à Dieu pour toujours, sous le patronage de l'Immaculée Marie qu'elle choisit tout spécialement pour sa mère et sa maîtresse. Afin d'avancer rapidement et sûrement dans la voie de la perfection, elle prit pour guide un savant et saint prêtre, le Père André Barbagallo, et le regarda désormais comme Jésus-Christ en personne.

Beaucoup d'âmes n'avancent pas dans la vertu parce qu'elles n'ont pas, comme la vierge de Pedara, les lumières d'une obéissance aveugle à leur confesseur. Giuseppina avait compris que dans la voie de la perfection, sans le confesseur, ce guide sûr, on court risque de tomber dans les pièges du démon. Elle alla donc trouver ce directeur de son âme et lui raconta avec une sainte émotion qu'elle avait entendu une voix lui dire d'abandonner la musique profane pour apprendre la musique céleste, qu'elle avait ressenti dans son cœur le feu du divin amour, et qu'elle éprouvait un vif désir de consacrer à Dieu sa virginité, L'homme de Dieu loua la sainte résolution de Giuseppina et l'encouragea à aimer Jésus-Christ de tout son cœur. Il régla qu'elle se confesserait tous les huit jours, et même plus souvent s'il était nécessaire ; pour tout le reste, elle devait s'en tenir à l'*obéissance*.

Alors la jeune vierge après avoir prié beaucoup, après avoir minutieusement examiné sa conscience, confessa ses fautes — bien légères ! — avec tant de soin, de componction et de larmes, qu'on l'eût prise pour un autre saint Louis de Gonzague.

Elle courut alors à pas de géant dans la voie de l'amour divin. Quand elle se confessait, les légers défauts que nous avons signalés lui faisaient verser d'abondantes larmes ; elle les regardait comme d'énormes fautes, ils firent le chagrin de sa vie entière. En avançant dans la science de Dieu — l'amour est une flamme qui illumine — elle acquit une telle horreur du péché, bien que son âme n'eût jamais été souillée gravement, qu'elle se sentait prête à endurer mille morts plutôt que de s'abandonner volontairement à la plus petite imperfection. Elle s'imposait durant le jour de fréquents examens de conscience, et elle avait un tel désir de pénitence et de mortification qu'il fallait la contenir par le frein de l'obéissance.

Carmela Foresi Petronio raconte qu'un soir, étant couchée dans la même chambre que Giuseppina, elle l'entendit lui dire : « *Je ne puis pas m'endormir. — Et pourquoi ? — J'ai commis une grosse faute*, répondit la servante de Dieu ; *tandis que je faisais quelque chose qu'il m'a été absolument impossible d'interrompre, ma mère m'a appelée et je n'ai pu obéir.* » Voilà jusqu'où allait sa délicatesse de conscience.

Prévenue de la grâce divine, avec une vigilance au-dessus de son âge, elle réprima si bien les saillies et les vivacités de son caractère, qu'aucune parole ne lui échappât dans la suite qui ne fût pénétrée de douceur et de charité.

Toute la journée aux pieds de Marie Immaculée et du Saint Enfant Jésus, elle se répandait en saintes ardeurs et en douces plaintes ; puis quand elle sentait son âme enflammée de l'amour divin, de sa voix angélique, elle redisait quelque chant sacré.

III

ELLE OBTIENT DE SES PARENTS LA PERMISSION DE
SE VÊTIR HUMBLEMENT. D'AUTRES JEUNES
FILLES SUIVENT SON EXEMPLE.

LES parents de Giuseppina ne savaient que penser de la ferveur et de la dévotion de leur fille bien-aimée. En la voyant toujours plongée dans la prière et le recueillement, ne cherchant à parler que de Dieu et désireuse de secourir les pauvres, il leur semblait être en présence d'un entraînement de jeunesse qui sans doute passerait vite. Mais c'était bien l'œuvre de la grâce divine ; Dieu voulait montrer en la personne de Giuseppina comment, au milieu d'un monde corrompu, on peut mener une vie d'une angélique pureté et d'une séraphique charité.

La jeune vierge adressa alors à sa pieuse mère de pressantes et tendres sollicitations pour qu'elle lui permît de quitter ses vêtements du monde et de prendre l'humble habit de *dévote* [1]. Mais Madame Faro, avec la prudence qui la caractérise, le lui refusa tout d'abord. C'est seulement après deux ans de supplications et d'épreuves qu'elle obtint enfin la permission tant désirée.

On se souvient encore à Pedara de l'impression profonde que produisit la vue de cette jeune fille noble, riche, spirituelle et avenante, apparaissant en public avec une robe grossière et sans façon, mais d'ailleurs si gracieuse, si modeste, si humble, si édifiante en son maintien, qu'on l'eut prise pour une créature angélique.

L'exemple de Giuseppina fut un grand encouragement pour d'autres jeunes filles ; indécises jusqu'alors, elles se décidèrent à fuir le monde pour consacrer à Dieu la sainteté de leur innocence. Sa demeure devint alors comme une école d'ascétisme. Là se réunissaient fréquemment les jeunes filles pieuses pour parler de Dieu, chanter les louanges de Marie Immaculée, s'encourager à parcourir avec une sainte allégresse la carrière de la perfection chrétienne. Si actuellement à Pedara le nombre des vierges consacrées au Seigneur

---

[1] En Italie un certain nombre de personnes pieuses, ordinairement affiliées à des congrégations, à des confréries ou à des tiers-ordres, mènent dans le monde une vie qui se rapproche beaucoup de la vie religieuse. Elles s'adonnent particulièrement à la prière et aux bonnes œuvres, et portent une sorte de costume monastique qui les distingue. On les désigne par le nom de *dévotes*.

est si grand, on l'attribue à juste titre à l'exemple et aux prières de la Servante de Dieu. Ces âmes d'élite sont vraiment l'honneur et la gloire de leur pays.

IV

GIUSEPPINA reportant sur son âme tout le soin qu'elle avait eu jadis pour l'exquise propreté de ses vêtements, repoussait avec une sainte et rigoureuse fermeté toute imperfection volontaire. Elle voulait que son âme conservât sa beauté parfaite pour en faire une demeure digne de son bien-aimé Jésus, et mettant toute sa confiance dans la grâce céleste, elle s'efforçait d'acquérir les vertus chrétiennes. Comme elle n'avait pour but que la gloire de Dieu, elle faisait chaque jour des progrès rapides et merveilleux dans la perfection évangélique. Dirigée, comme elle l'était, par l'Esprit Saint, elle comprit qu'une humilité sincère est le fondement nécessaire de l'édifice de la sainteté. Elle s'appliqua donc de toute son âme à l'acquérir dans le degré le plus parfait. Elle supplia le Cœur de Jésus « doux et humble » de lui accorder cette précieuse vertu, elle la lui demanda instamment par les mérites de sa Passion et les douleurs de Marie Immaculée. Chaque jour, en méditant, elle s'abîmait dans son néant, s'estimant la plus vile, la plus misérable des créatures, indigne de toute grâce et de tout don de Dieu. Son amie intime, Thérèse Caudullo, rapporte que Giuseppina avait une si profonde humilité qu'elle se regardait comme une grande pécheresse et s'estimait moins que personne.

Cette humilité intérieure ne lui suffisait pas. Il est facile de reconnaître sa misère devant la sainteté de Dieu ; mais se tenir au-dessous des autres en pensée et en actions demande plus de vertu. La Servante de Dieu se soumettait de tout son cœur non seulement à ses supérieurs, mais à ses égales, voire même à ses inférieures. Elle ne commandait jamais à ses servantes, elle les priait plutôt et s'affligeait quand elle était l'objet de leurs attentions. Elle parlait aux pauvres avec une douceur et une affabilité extrêmes : signe manifeste du profond respect qu'elle avait pour eux.

Etre oubliée, dédaignée, méprisée, tel était son désir. Aussi tenait-elle cachées sous le voile d'une profonde humilité les grâces surnaturelles et les faveurs dont le Seigneur la comblait. Jamais il ne lui échappa un mot qu'on pût interpréter à sa louange. Carmela Forzesi Petronio dit que « quand « il arrivait à quelqu'un de lui parler de son ori- « gine, de ses richesses ou de sa famille, elle se

« mettait à pleurer, tandis qu'au contraire elle
« était heureuse des observations qu'on pouvait
« lui adresser, et qu'en public elle se plaisait à
« parler de ses défauts, non par fausse humilité,
« non pour rechercher la louange, mais avec la
« conviction sincère de sa bassesse. » Angèle
Consoli rapporte que « Giuseppina faisait des
« mépris ses plus chères délices. » Une de ses
amies voulait-elle lui causer un vrai régal de joie
en public, elle n'avait qu'à dire : « *Quant à Giu-*
« *seppina, vous la pouvez laisser en repos sur sa*
« *chaise à l'église ; elle n'est bonne à rien.* » On
la voyait approuver la réflexion avec un doux
sourire.

La Servante de Dieu éprouvait un indicible tourment à se voir louée. Son oncle, l'avocat Delfio
Faro, témoin de son héroïque vertu lui dit un
jour : « *Giuseppina, prie pour moi, car tu es une*
« *sainte.* » Il eut bien regret d'avoir ainsi parlé en
voyant les larmes amères que ces louanges firent
verser à sa nièce. Une autre fois, comme elle se
trouvait chez ce même oncle, à Catane, quelqu'un
dit au célèbre avocat : « *De grâce, Monsieur,*
« *faites-moi donc connaître votre sainte nièce.* »
Ce mot frappe aussitôt Giuseppina d'épouvante, et
elle se retire dans sa chambre pour pleurer.

Angèle Consoli rapporte encore que quand elle
quitta le cloître Saint-Julien, son père lui dit :
« *Ma fille, puisque tu es souffrante, ne vas pas à*

« *l'église.* » Son directeur, le chanoine Bongiorno, qui était présent, ajouta : « *Giuseppina n'a pas* « *beaucoup de vertu ; pourtant elle est obéissante.* » La pieuse enfant fut tout d'abord heureuse de cette parole ; mais réfléchissant qu'elle pouvait être un éloge de la part de son confesseur, elle se mit à pleurer abondamment.

Un jour que Giuseppina souffrait d'un violent mal de dents, Angèle lui dit : « *Tu me parais* « *beaucoup souffrir. — Pas pour en parler*, répon- « dit-elle ; *du reste une seule louange à Dieu dans* « *la peine vaut mieux que mille dans la joie.* » « Son continuel souci, ajoute sa cousine, était de « cacher ses mortifications et de dissimuler ses « vertus. » Sa mère cherchait à savoir quelles pénitences elle s'imposait, mais elle n'y put jamais parvenir. Elle cachait avec un soin extrême les grâces et les faveurs dont Dieu la comblait. Si parfois une de ses amies s'en apercevait, comme Thérèse Caudullo qui fut témoin de plusieurs, elle lui faisait promettre de n'en parler à personne.

Son cœur brûlait d'un ardent amour pour Jésus et son plus vif désir était de s'unir à Lui dans la sainte Communion ; cependant elle s'en estimait tellement indigne qu'il lui fallait être poussée par l'obéissance pour se décider à prendre place au banquet divin. Quelquefois, retenue toujours par son humilité, elle ne s'approchait pas de l'autel.

Elle avait compris la parole du Maître : « Si

« quelqu'un veut être le premier, qu'il soit le der-
« nier et le serviteur de tous. » L'humilité! Heureuses les âmes qui la possèdent! Elle est la voie
la plus courte et la plus sûre pour arriver à la
perfection. Plus un cœur se vide de tout amour
propre, plus Dieu le remplit de sa charité. Nous en
avons ici un exemple frappant. Un trait caracté-
ristique de la Servante de Dieu fut une humilité
sincère et profonde, allant jusqu'à la mort mys-
tique d'elle-même ; aussi peut-on dire que sa vie
était toute cachée en Dieu avec Jésus-Christ.

V

L'HUMILITÉ de cœur fit naître en elle l'obéissance parfaite qui brilla dans toutes ses actions. Elle comprit que l'essentiel de la perfection chrétienne, c'est de n'accomplir aucune action sans y ajouter le mérite de l'obéissance. « Son obéissance, dit le Père Caruso, fut toujours « prompte, aveugle et joyeuse ; dans sa soumis- « sion à ses supérieurs, on lui trouvait la simpli- « cité d'un enfant. Sa mère assura qu'elle fut « toujours parfaitement obéissante. »

Ainsi qu'on l'a vu, dès l'âge de treize ans, elle désirait quitter ses vêtements du monde pour en porter de plus humbles. Deux années se passèrent sans que sa mère, pour éprouver sa vertu, le lui permît. Pendant ce temps, quelque tristesse que Giuseppina endurât en son cœur, elle ne changea rien à ses vêtements, pas même un bout de ruban.

Comme elle était souvent ravie hors d'elle-même en de merveilleuses extases, récompense de son amour pour Dieu, il lui arrivait fréquemment de laisser tomber ce qu'elle tenait, et de briser ainsi des objets fragiles. Mais si sa mère lui disant : « *Aujourd'hni, par obéissance, sois attentive à ne* « *rien casser,* » quelque absorbée qu'elle pût être en ce jour, rien ne lui échappait des mains. Lorsque sa mère la reprenait pour ces sortes de méfaits, elle répondait en toute humilité : « *Hélas!* « *ma mère, je suis si sotte!* »

Ses parents virent avec peine au début un si grand changement de vie et lui en firent quelquefois des reproches; « mais, dit Angèle Consoli, « elle supportait tout en silence sans jamais man- « quer au profond respect qu'elle leur devait. »

La même dépositaire rapporte que Madame Faro, inquiète de voir sa fille maigrir, s'imagina que son confesseur, le Père André Barbagallo, lui conseillait d'extraordinaires pénitences; elle lui ordonna d'en choisir un autre. La pieuse enfant obéit aussitôt. Or, le jour de la clôture des exercices du Mois de Marie il se trouva que son nouveau directeur eut une telle affluence de monde à son confessionnal qu'il ne put entendre tous ses pénitents. Giuseppina fit alors demander à sa mère par une amie la permission de s'adresser à son ancien confesseur. Sa mère la laissa libre d'aller à qui elle voudrait. Encouragée par son amie, elle s'en fut trouver le Père Barbagallo; mais à peine était-elle à genoux qu'elle éclata en sanglots. Accoutumée à tout faire par obéissance, elle pensait que sa mère l'ayant laissée libre, elle avait agi de son propre chef.

La sœur Thérèse Caudullo, qui fut longtemps sa voisine et sa confidente, nous raconte que quand ses parents l'appelaient, elle volait, pour ainsi dire. « Un jour, dit-elle, que Giuseppina me « présentait des figues fraîches, tenant humble- « ment le plat à la main, son père l'appelle tout à « coup. Elle abandonne le plat aussi vite, et court « à la hâte ; le plat en tombant ne se brisa point. » — « Une autre fois, elle m'offrait du café. Elle « avait encore la tasse à la main, quand sa mère « l'appelle ; pour obéir à la voix maternelle elle « abandonne aussitôt la tasse qui tombe à terre. « Mais Dieu, à qui plaît tant la vertu d'obéissance, « permit que non seulement la tasse ne fût pas « brisée, mais que le café lui-même ne fût pas ren- « versé ; et pourtant la sainte fille était d'une « taille assez élancée. »

Rien n'était capable de l'empêcher d'obéir promptement ; tout cédait devant sa vertu. Marie Pappalardo rapporte qu'un jour Giuseppina étant avec quelques amies, tenait à la main une petite statue de la sainte Vierge et les entretenait des gloires de Marie. Sa mère l'appelle, elle laisse tout et court aussitôt vers elle.

« Le père de Giuseppina, dit Carmela Squatrito, « crut un jour par erreur qu'une bouteille de

« liqueur était gâtée. — *Jette cette liqueur, elle* « *est perdue,* lui dit-il. — La Servante de Dieu, « quoique certaine du contraire, obéit sans mot « dire. »

« Un jour que sa mère devait sortir, dit Marie « Nicotra, elle dit à sa fille de lui apporter un « châle, en lui indiquant l'endroit où elle le « trouvera. Giuseppina y vole, et au lieu de celui « qu'elle cherche, elle ne trouve qu'un vieux châle « hors d'usage qu'elle apporte sans rien dire à sa « mère. »

Le prêtre Salvatore Recupero, aujourd'hui décédé, racontait que les parents de Giuseppina la placèrent un jour près d'une porte pour empêcher un chat d'entrer. La sainte enfant obéit, et ses parents ayant oublié de la rappeler, la trouvèrent plusieurs heures après à l'endroit où ils l'avaient laissée.

Pour dire vrai, son obéissance n'avait pas de limites. Elle obéissait non seulement à ses supérieures, mais à ses égales, à ses inférieures. « Nous « étions un jour ensemble dans une vigne, dit « Carmela Squatrito ; elle me demanda humble- « ment la permission de porter une pomme à son « père. »

Du sein des ravissements merveilleux où l'amour divin l'avait plongée, la vertu d'obéissance la ramenait immédiatement à son état ordinaire. « Lorsqu'au jardin elle était en extase, élevée de

« terre, dit Thérèse Caudullo, entendait-elle la
« voix de sa mère qui l'appelait, aussitôt elle
« reprenait son état ordinaire et courait vers sa
« mère en disant : « *Maman m'appelle, maman*
« *m'appelle !* »

Comment dépeindre son obéissance aux direc-
teurs de son âme? Leurs entretiens sont, pour la
plupart, restés le secret de Dieu. Nous savons
cependant que le chanoine Bongiorno, interrogé
par le Cardinal Dusmet, archevêque de Catane,
lui avoua que c'était grâce à l'obéissance que la
jeune vierge était montée si vite au sommet de la
perfection chrétienne.

Ce fut durant les dix-huit mois de son séjour
au couvent, sur la fin de sa vie, qu'elle donna les
plus surprenantes preuves de sa soumission.

L'abbesse du monastère, Sœur Marie de la
Conception Costantino, craignant que les stations
prolongées de Giuseppina devant le Saint Sacrement ne compromissent sa santé déjà ébranlée par
la maladie, lui prescrivit les heures et le temps
qu'elle pourrait demeurer au chœur en adoration.
Quelque véhément désir qu'elle eut de converser
avec son Dieu, jamais, même une seule minute,
elle ne manqua à l'obéissance, et ne dépassa
l'heure.

Une sœur nous raconte que quand Giuseppina
était entrée au confessional, les sœurs la tiraient
par la robe pour l'en faire sortir, et elle, si désolée

qu'elle en fût, obéissait aussitôt. Souvent, quand elle voulait adorer Jésus au Saint-Sacrement, on lui donnait à coudre. Des larmes lui montaient aux yeux, tant le sacrifice demandé était pénible, mais elle se soumettait avec une docilité parfaite.

Le P. Caruso rapporte, d'après le récit que lui en firent les religieuses, qu'un jour une sœur présenta un panier à Giuseppina et lui dit : « *Faites-* « *moi le plaisir d'aller au puits et de me rappor-* « *ter de l'eau dans ce panier.* » Giuseppina, en toute simplicité et sans mot dire, prend le panier et va puiser de l'eau ; mais la sœur la rappelle avant qu'elle soit arrivée près du puits, et elle revient aussi vite. « Je suis certain, ajoute le « P. Caruso, que si elle n'avait pas été sitôt rappe- « lée, le Seigneur aurait récompensé son obéis- « sance par un prodige. »

Sa soumission à la sainte volonté de Dieu au milieu des épreuves était parfaite. Aussi établis- sait-elle son âme dans une paix et une confiance admirable en la divine Providence.

Pendant qu'elle était chez les religieuses de Saint-Julien, à Catane, le chanoine Leotta, son confesseur d'alors, qu'elle vénérait, mourut. Une pieuse amie de Pedara étant venue la voir, lui dit : « *Tu es sans doute bien affligée, Giuseppina ?* — « *Et pourquoi donc ?* répondit la Servante de « Dieu. — *Mais,* reprit son amie, *est-ce que ton* « *confesseur n'est pas mort ? — Je ne m'en*

« *trouble pas*, répondit Giuseppina, *le Seigneur*
« *m'en donnera un autre.* »

Il est écrit que l'homme obéissant chantera ses
victoires. Rien de surprenant que Giuseppina ait
grandi chaque jour en sainteté ; elle avait pris la
voie que Jésus-Christ lui-même a choisie, puisqu'Il
« s'est fait obéissant jusqu'à la mort de la Croix. »
Rien de surprenant que Giuseppina soit aujour-
d'hui vénérée par les hommes, puisque la Vérité
même a dit : « Celui qui s'abaisse sera exalté. »
Puissions-nous apprendre d'elle le prix de l'humilité et la grandeur de l'obéissance !

VI

ELLE FAIT VŒU DE VIRGINITÉ.

SA MORTIFICATION ET SA PATIENCE.

En montant au Ciel, Marie laissa le Paradis sur terre, dit sainte Marie-Madeleine de Pazzi, puisqu'elle y laissa la virginité ; cette belle vertu, au regard des autres états, est un paradis sur terre. En effet, dans le ciel brillent toutes les perfections, les grâces et les vertus ; ainsi dans l'état de virginité, la vertu se trouve portée au plus haut point de perfection qu'elle puisse atteindre ici-bas ; non pas que la virginité soit la perfection de toutes les vertus, mais elle est le plus sûr moyen de les acquérir.

Quatre ans s'étaient écoulés depuis le jour où la Servante de Dieu s'était résolument adonnée à la pratique de la vertu. Le plus ardent désir de son cœur était de vivre loin du monde, consacrée à Dieu dans un monastère. Malheureusement en ces jours, la franc-maçonnerie faisait préparer la funeste loi de suppression des ordres religieux, et les saints désirs de Giuseppina ne purent alors se réaliser. Cependant elle demanda humblement et obtint de faire temporairement le vœu de virginité, à charge de le renouveler chaque année. Elle espérait le transformer en vœu perpétuel quand elle entrerait en religion. Qui pourra redire les joies sereines et les défaillances d'amour de la jeune vierge, le jour où, pour la première fois, elle s'engagea par vœu à pratiquer la vertu qui élève l'homme jusqu'au ciel et fait de lui un émule des anges, parfois plus admirable qu'eux ?

Il y a dans la virginité un trésor céleste, un trésor divin, que l'intelligence humaine ne peut saisir en cette vie. La jeune fille chrétienne, consacrée au Seigneur, est une preuve éclatante de la divinité de l'Eglise catholique, qui, en nourrissant les âmes du sang de l'Agneau, fait germer les vierges.

Giuseppina, prédestinée par Dieu à être un modèle de vertu pour les vierges siciliennes, vécut, aussi bien enfant qu'adolescente, dans une extrême pureté de pensées, d'affections et d'actions. On eût dit un ange revêtu d'un corps humain. Jamais une parole légère ne s'échappa de ses lèvres, jamais une imagination douteuse ne traversa son esprit, jamais son corps virginal ne ressentit l'aiguillon de la chair. Tout en elle respirait la pureté et la candeur, elle était revêtue d'une modestie telle que son seul aspect inspirait l'amour de Dieu.

D'après le P. Salvatore Recupero, quiconque rencontrait Giuseppina était contraint de baisser les yeux en voyant sa modestie. « Elle était près d'expirer, dit Thérèse Caudullo, une de ses gardes-malades, en voulant rajuster sa couverture, découvrit le pied de la pieuse vierge ; elle le retira vivement en lui disant : « *Tu ne sais donc pas combien la modestie est agréable à Dieu !* » Cette pureté et cette candeur que respirait son extérieur, Giuseppina l'obtint par une fervente dévotion à Marie Immaculée et par son esprit de pénitence, ce qui l'a fait comparer avec raison à l'angélique saint Louis de Gonzague.

Car la vertu de virginité est un lis d'une blancheur éclatante, qui ne conserve sa fraîcheur qu'au milieu des épines de la mortification chrétienne. La Servante de Dieu s'adonna à une mortification si entière et acquit en peu de temps un tel empire sur ses sens, qu'on l'eût prise pour un esprit céleste vivant sous une forme humaine.

L'innocence de son âme se reflétait dans ses beaux yeux, mais elle les tenait toujours baissés. Jamais elle ne fixa ses regards sur une personne d'un autre sexe.

Saintement jalouse de garder le silence, si nécessaire pour conserver la ferveur, l'esprit de piété et le recueillement, elle évitait le moindre mot inutile et oiseux. Elle ne parlait que pour rendre gloire à Dieu, pour consoler et instruire le prochain ou

pour répondre promptement à l'appel de l'obéissance. Elle le faisait en outre avec tant de douceur
et de mansuétude qu'elle ravissait saintement tous
les cœurs et les portait à l'amour de Dieu.

Les pratiques de pénitence de la jeune vierge
étaient continuelles et austères ; et si ses parents
et son directeur spirituel le lui eussent permis, elle
fût allée dans cette voie aussi loin que les plus
saints pénitents. Par obéissance, elle mangeait
pour soutenir les forces débiles de son corps,
mais elle s'ingéniait à rendre sa nourriture fade et
amère. Elle priait chaque jour pendant de longues
heures, et toujours à genoux. Elle dormait peu.
Interrompant chaque nuit son repos, même pendant les rigueurs de l'hiver, à plusieurs reprises
elle se levait pour baiser la terre et prier. Autant
que l'obéissance le lui permettait, elle affligeait
son corps délicat en portant un cilice et de petites
chaînes.

Ah ! les saints le comprennent, il est bon de
souffrir pour Jésus-Christ ! Outre que la souffrance nous rapproche de Lui par ressemblance,
elle renferme des trésors célestes. Les heureux du
monde n'y voient rien, parce que leurs regards
sont obscurcis par des passions criminelles.

Un jour Giuseppina souffrait cruellement d'un
abcès à un doigt de la main droite. Elle dut subir
une opération douloureuse. Elle la supporta sans
se plaindre et avec un courage si héroïque que le

médecin en fut stupéfait. « *La jeune Giuseppina*
« *Faro est certainement une grande sainte,* »
dit-il. Son amour pour Notre-Seigneur lui fit endurer avec une patience non moins héroïque des
douleurs très aiguës pendant les diverses maladies
auxquelles elle fut sujette. Elle désirait souffrir
toujours davantage pour imiter son Divin Maître.

Monseigneur C. Zanghi décrit comme il suit
l'esprit de pénitence de la Servante de Dieu :
« Après avoir renoncé et fermé ses oreilles aux
« harmonies mondaines, vivant dans une atmos-
« phère de parfaite mortification, elle exerça une
« surveillance extraordinaire sur ses regards.
« Jamais, et nulle part, on ne la vit, sinon la tête
« inclinée et les yeux, ses yeux si vifs cependant,
« constamment baissés. Parmi les personnes qui
« l'apercevaient, combien eussent désiré pouvoir
« lire dans les regards de cette pure colombe
« toute l'innocence de son âme ! Quelle ressem-
« blance frappante entre Giuseppina et le chaste
« jeune homme de Mantoue, qui, même devant sa
« propre mère, avait les yeux toujours baissés
« pour ne recueillir aucune imagination capable
« de se transformer en fantôme hideux et funeste.
« Nous verrons, du reste, cette ressemblance appa-
« raître encore d'elle-même dans d'autres scènes
« de la vie de notre angélique vierge. Emùle de
« saint Louis de Gonzague, elle aimait la suave
« poésie du silence et l'austère volupté du jeûne.

« La voix de l'obéissance qu'elle ne pouvait refuser
« d'entendre, lui enjoignait de ne pas affaiblir son
« corps virginal déjà bien débile, mais elle trou-
« vait moyen, tantôt d'une façon, tantôt d'une
« autre, de faire perdre leur saveur aux aliments
« qui lui étaient destinés.

« Ah ! douce victime de mortification, c'est en
« vain que vous vous efforcez de voiler sous d'in-
« génieuses inventions vos pratiques de pénitence.
« Elles ont été découvertes par vos compagnes du
« monastère, et ces pieuses religieuses me les ont
« révélées dans l'admiration où les jetait votre
« héroïque générosité à servir le Seigneur. »

MAISON PATERNELLE DE GIUSEPPINA — COTE SUD

† FENETRE DE LA CHAMBRE OÙ MOURUT GIUSEPPINA

MAISON PATERNELLE DE GIUSEPPINA — COTE OUEST

VII

ELLE TRIOMPHE DES TENTATIONS DU DÉMON.
SA SIMPLICITÉ.

DE même que l'or, les âmes appelées par Dieu à une haute sainteté se purifient en passant par le creuset des tentations. Avec l'aide de la grâce divine, elles remportent la victoire ; elles s'affermissent dans la vertu et s'enrichissent de mérites pour la vie éternelle.

Le démon avait vu notre jeune sainte voler dans le sentier de la vertu et, par son exemple, entraîner les autres à la piété. Dieu le permettant, il tourna sa rage contre elle et la tenta de diverses manières.

Il commença par lui inspirer des pensées de respect humain. Il lui suggéra qu'avec sa délicatesse et sa vivacité, vivre entièrement dans la mortification et le recueillement, s'adonner aux exercices de piété, c'était devenir un objet de raillerie

universelle ; qu'on la regarderait comme une hypo-
crite, qu'on se rirait d'elle, quand on la verrait
costumée d'un voile et d'un vêtement de dévote.

Giuseppina s'aperçut immédiatement des pièges
que l'ennemi du bien lui tendait. Elle lui répondit
qu'elle ne voulait plaire qu'à Jésus Christ, qu'elle
ne s'occupait et ne s'inquiétait aucunement des
moqueries du monde, qu'elle se glorifiait d'être en
butte aux railleries, aux dédains pour l'amour du
Seigneur qui s'est humilié pour nous jusqu'à la
mort de la croix.

Mais Satan ne se tenait pas pour battu et revenait à la charge. Il lui dépeignait sous les plus
vives couleurs les richesses qu'elle possédait, le
renom de la famille, la beauté de son visage, les
grâces de sa personne, la vivacité de son intelligence, la sensibilité de son cœur, la multitude de
nobles jeunes gens qui aspiraient à sa main. Il lui
représentait comme elle figurerait bien dans la
société ; les fêtes, les plaisirs, les divertissements
dont elle jouirait en menant une vie joyeuse dans
un monde charmant ; au contraire, en persévérant
dans sa dévotion elle se préparait, disait-il, une
vie de mélancolie et de tristesse.

La Servante de Dieu, sans se préoccuper des
menteuses inspirations de son ennemi, se tournait
vers Jésus crucifié, lui redisait avec toute l'ardeur de
son âme qu'il était son trésor et son amour, qu'elle
ne voyait que fange dans les grandeurs, les plai-

sirs, les richesses et les honneurs de la terre, et qu'elle voulait être toute à Dieu. Fréquemment elle s'écriait : « Vous seul, ô mon Dieu, me suf-
« fisez. O mon Jésus, à vous aimer, on éprouve
« en une heure plus de délices que les heureux du
« monde n'en goûteront jamais dans leurs réjouis-
« sances terrestres. Pour moi, ô mon Jésus, je
« vous aime, non pas pour la joie sainte que je
« ressens à vous aimer de tout mon pauvre cœur,
« mais parce que vous êtes le bien infini. Ah ! si je
« pouvais vous aimer avec l'amour de tous les
« saints du ciel et de la terre ! Oui, je désire vous
« aimer avec le cœur très pur de Marie Immaculée.
« Vous seul êtes digne de posséder tous les cœurs. »

C'est ainsi que Giuseppina, en fermant l'oreille aux tentations, en recourant immédiatement à la prière et en demeurant obéissante à son confes-seur, obtint la victoire sur le démon et acquit de grands mérites. Elle souffrit « le martyre à sec », comme dit le Père Jacques Cusmano. « Le mar-
« tyre à sec, écrit-il à sa sœur, est le martyre
« sans effusion de sang, sans torture physique. Et
« précisément pour cela, c'est un martyre d'une
« valeur bien supérieure ; les tortures sont de
« l'ordre moral, l'immolation s'accomplit sous les
« regards de Dieu seul, unique témoin des sacri-
« fices héroïques qui se font pour son amour.
« Dieu seul voit ce spectacle admirable. L'âme n'a
« pas même la consolation de savoir ce qui plaît

« à Dieu. Il lui semble qu'elle est abandonnée de
« Dieu, comme Jésus-Christ sur la Croix. C'est
« alors qu'elle endure le martyre dans toute sa
« force, martyre agréable à Dieu plus que tout
« autre martyre, quelque cruel qu'il soit ; mar-
« tyre aussi plus élevé, parce qu'il torture non
« seulement le corps, mais l'âme d'une façon indi-
« cible. »

Riche en vertus, purifiée par la souffrance,
Giuseppina gardait en même temps la candeur, la
simplicité de l'enfant. Ne connaissant ni la feinte,
ni le mensonge, ni l'hypocrisie, elle était simple
et sans détour. « Devenue grande, disait sa mère,
« elle était restée naïve et ne connaissait pas le
« mal. »

Un jour qu'elle rentrait de chez sa maîtresse de
travail, on lui demande : « *Que fait ta maîtresse ?*
« *— Elle brode des oreillers,* répondit-elle. —
« *Pour qui ?* insista-t-on. — *Pour une jeune fille*
« *qui va se marier. Tout le monde se marie ; moi*
« *seule je ne me marie pas.* » Ses parents rirent à
« cette réponse, et admirèrent la simplicité de leur
chère enfant.

Giuseppina était confiante et ne pensait jamais
de mal de personne. « Elle atteignait ses treize
« ans, raconte sa cousine, elle était belle et gra-
« cieuse, elle avait les allures et les manières d'une
« personne de condition distinguée ; elle attirait
« les regards et beaucoup de personnes s'arrêtaient

« dans la rue pour la considérer. Un jour qu'elle
« sortait avec son oncle l'avocat, elle s'aperçut
« qu'un promeneur la contemplait avec curiosité.
« *Mon oncle*, dit elle, *c'est un de nos parents sans*
« *doute qui me regarde ainsi.* — *Non*, répond son
« oncle. — *Alors, il veut donc se moquer de nous,*
« ajouta la Servante de Dieu. »

Carmela Forzesi raconte à ce sujet que Giuseppina étant venue à Catane dans sa jeunesse, s'aperçut un jour en rue avec ses compagnes qu'on la considérait avec un certain empressement. « *Voyez donc comme on nous regarde*, dit-elle ; « *pauvres gens, ils s'imaginent que nous sommes* « *leurs parentes.* »

Dans sa simplicité d'enfant, Giuseppina disait les choses comme elle les pensait Carmela Squatrito rapporte qu'un jour le docteur Faro avait acheté une certaine quantité de fèves pour les distribuer à ses concitoyens. En les voyant, Carmela demanda à la jeune vierge : « *Pour qui donc toutes ces fèves ?* » La sainte enfant répondit ingénuement : « *C'est pour nous, nous les mange-* « *rons.* » Comme les fèves en Sicile ne servent qu'aux pauvres, une de ses sœurs qui se trouvait là, lui répliqua : « *Sotte, que dis-tu ? Nous* « *n'en mangeons pas une fois par an.* »

Cette même simplicité d'âme lui faisait accepter parfois pour vrai ce qu'on lui avait dit par manière de plaisanterie. Un jour une de ses compagnes étant près d'elle à la maison, aperçut de petites chaussures. « *Giuseppina,* lui demanda-t-elle, *à* « *qui appartiennent ces chaussures?* » La Servante de Dieu lui répondit : « *C'est à mon frère.* » Et comme son frère était de grande taille, elle ajouta avec une simplicité enfantine : « *Il paraît qu'elles* « *s'allongent quand il les met.* »

Pour se récréer, les religieuses de Saint-Julien de Catane, voulant un jour éprouver sa docilité, lui dirent : « *Giuseppina, confessez-vous à cette* « *armoire.* » Et Giuseppina dans son obéissance pleine de simplicité, le fit aussitôt.

VIII

SON ESPRIT D'ORAISON

UNE oraison continuelle, humble et fervente, aida puissamment notre héroïne à s'élever à la sainteté. Sa vie se passait tout entière dans la prière. Elle priait le jour, la nuit, à l'église, à la maison, partout ; elle s'inspirait du commandement du Sauveur qui nous dit de prier toujours et de ne pas cesser de prier.

La Servante de Dieu ne commit jamais de péché grave, tous ses confesseurs l'ont attesté ; cependant, lorsqu'elle se mettait en présence du Seigneur, elle était si pénétrée de sa bassesse qu'elle se regardait comme indigne d'être accueillie et secourue par Dieu. Après quoi, elle priait avec une ferveur si grande qu'aujourd'hui encore on parle à Pedara, comme d'un fait récent, du recueillement angélique dans lequel elle passait à l'église de longues heures, ravie en Dieu. Son âme était alors si absorbée dans la contemplation des choses

célestes qu'elle s'oubliait elle-même complètement,
oubliait aussi la terre pour ne se remplir et ne
s'occuper que de son Dieu. A l'église, Giuseppina
se tenait dans une immobilité absolue, les yeux
fixés sur le tabernacle ou sur quelque image, ré-
pandant des larmes à profusion. D'autres fois elle
était tellement absorbée en Dieu qu'elle n'entendait point sa compagne lui parler. Quelle leçon
pour tant d'âmes qui se disent chrétiennes et qui
se tiennent devant Jésus-Christ au Saint-Sacrement moins bien que sur une place publique !
Jésus est jaloux de la gloire de sa maison, et elles
ne craignent pas de l'y offenser par d'inutiles discours ou par une tenue répréhensible.

Giuseppina aimait Dieu et ne pouvait le voir ;
elle mettait dès lors son unique consolation à
demeurer en sa présence, à tenir son esprit et son
cœur attachés à Lui. Cette contemplation l'absor-
bait tellement qu'elle éprouvait une peine extrême
à prendre de la nourriture et à donner quelques
instants de sommeil à son corps débile. « On peut
« dire qu'elle passait les nuits sans dormir, rap-
« porte Thérèse Caudullo. Toutes les quinze ou
« vingt minutes elle se mettait à genoux, entrait
« en prière et se répandait en oraisons jacula-
« toires. Du reste, elle me disait : *Dominique* —
« Thérèse n'avait pas encore pris l'habit des Ter-
« tiaires de l'Addolorata, ni le nom de sœur
« Thérèse — *Dominique, quelle grosse dormeuse*

« *je suis donc ! J'ai envie de m'attacher une corde*
« *aux pieds, afin qu'en remuant je m'éveille.* Le
« matin, elle se plaignait d'avoir trop dormi. »

Elle parlait de Dieu chaque fois qu'elle pouvait
et se servait de tout pour s'élever vers lui. Etait-
elle à l'ouvrage, elle s'adressait à sa compagne :
« *Allons en esprit,* disait-elle, *devant Jésus au*
« *Saint-Sacrement. Nous ne sommes point dignes*
« *d'une telle société ; mais qu'importe. Pensons*
« *que nous sommes des candélabres ou bien encore*
« *des chaises qu'on aurait placés devant Jésus au*
« *Saint Sacrement.* »

Elle répétait souvent à sa cousine : « *Quand*
« *nous recevons Jésus-Christ dans la Sainte Com-*
« *munion, songeons qu'Il habite notre Cœur,*
« *qu'Il y est comme assis, qu'il y repose comme*
« *dans un tabernacle.* »

Travaillait-elle à confectionner des bouquets
pour l'église, elle s'écriait : « *Comme ces fleurs*
« *louent Dieu ! Hélas ! moi, je suis la plus ingrate*
« *des créatures.* » — S'il arrivait à Giuseppina
d'entrer dans une vigne, rapporte Angèle Consoli, elle répétait la parole du Sauveur : « *Nous*
« *sommes comme les rameaux attachés au cep.*
« *Tant que nous sommes unis à Jésus-Christ,*
« *nous produisons des fruits pour la vie future ;*
« *mais si nous nous séparons de Dieu, nous*
« *sommes bons pour le feu de l'enfer.* »

Rien n'était capable de détourner de Dieu le

cœur de Giuseppina. Sa cousine Angèle rapporte qu'étant sortie du couvent de Saint-Julien à cause de sa santé, elle resta quelque temps à Catane avec sa mère. Or, près de la place où elle demeurait, la fanfare de la ville s'exerçait à des répétitions de musique. Giuseppina, loin de prêter l'oreille à ces accents, se plongeait dans la contemplation des choses divines et son visage semblait être celui d'un séraphin.

Lorsqu'elle travaillait avec ses sœurs ou avec quelque amie, elle se plaçait devant une image sainte, évitant le plus possible la lumière afin qu'on ne pût s'apercevoir qu'elle priait ; les yeux immobiles et fixés sur l'image, elle s'entretenait avec Dieu en versant d'abondantes larmes. « Au « lieu de prendre part aux jeux de ses compagnes, « dit Carmela Petronio, elle se tenait à l'écart, et « on pouvait la voir verser des larmes à la lecture « de ses méditations sur les souffrances du Sau-« veur. »

Elle priait même pendant ses repas ; et pour dissimuler sa prière, elle avait coutume de tenir une main sur ses lèvres, afin qu'on ne les vit pas remuer.

En un mot ses journées se passaient dans une incessante prière ; elle se tenait en la présence de Dieu de telle sorte qu'elle paraissait le voir de ses yeux.

C'était aux grands intérêts de l'Eglise et du

monde entier que Giuseppina étendait ses prières.
Son cœur était large comme le cœur des saints.
Elle priait pour Notre Saint-Père Pie IX d'immor-
telle mémoire, si douloureusement persécuté par
la révolution et abreuvé d'un fiel bien amer par
des fils ingrats ; pour l'Eglise, contre laquelle la
franc-maçonnerie déploie tous ses efforts ; pour les
âmes exposées à tant de pièges tendus avec une
cruelle perfidie, ou éloignées de la vraie foi.

Elle recourait souvent à la Mère de Dieu et lui
disait avec un tendre amour : « *O Vierge Imma-*
« *culée, notre avocate, ayez pitié de nous !...*
« *Nous sommes les frères de Jésus et vos enfants...*
« *Priez, priez pour nous... priez pour le Souve-*
« *rain Pontife et pour l'Eglise... Hâtez le*
« *triomphe de la vérité et de la justice... »*

La prière humble et fervente de la douce vierge
montait jusqu'au trône de Dieu comme un parfum
suave. Quels trésors de grâces les âmes saintes
ne font-elles pas descendre sur cette misérable
terre ! Que de fléaux n'arrêtent elles pas, que de
grâces, que de miséricordes n'obtiennent-elles
pas ! L'esprit humain ne saurait le comprendre.

IX

SA CHARITÉ ENVERS DIEU.
SA DÉVOTION AU SAINT ENFANT JÉSUS, A LA PASSION, ET AU SACRÉ-CŒUR.

IL faudrait une intelligence angélique pour comprendre, une plume d'or pour décrire l'immense charité dont brûlait le cœur très pur de la Servante de Dieu. Giuseppina était détachée de toutes les choses de la terre ; elle se livrait sans cesse à la mortification avec une ferveur toujours croissante ; elle méditait assidument les saints mystères ; chaque jour la flamme du divin amour embrasait davantage son cœur et l'empêchait de rester un seul instant sans que sa pensée et ses affections ne s'élançassent vers le Bien souverain et infini. Depuis que la voix du Seigneur s'était fait entendre à son cœur, elle avait été frappée d'une flèche brûlante émanée du Cœur de Jésus-Christ.

Le ciel, le soleil, la lune, les astres, les vents, les eaux, les fleurs, les herbes, la terre, tout lui parlait de Dieu, et elle se servait de tout pour s'élever à la connaissance de la divine Beauté. Elle tressaillait d'une sainte joie en contemplant les attributs divins : l'éternité, l'immensité, la sainteté, la bonté, la toute-puissance du Créateur. Elle s'abîmait dans son propre néant, adorant la Très Sainte Trinité et invitant toutes les créatures du ciel et de la terre à chanter avec elle un hymne de gloire, de louange et d'amour.

Puis, réfléchissant que les hommages de toutes les créatures sont incapables de payer à la Sainte Trinité le tribut d'honneur qu'elle mérite, Giuseppina recourait à Marie Immaculée, la priant d'offrir à Dieu, par son cœur très pur, les actes d'amour du Cœur de Jésus. Quelle vive et sainte jubilation c'était pour elle de se rappeler que par le Cœur de Jésus nous pouvons adorer Dieu, le remercier, l'aimer et lui présenter une digne et surabondante satisfaction pour nos péchés !

L'amour est une force qui tend à l'union ; aussi, possédée comme elle l'était par l'amour divin, la Servante de Dieu pouvait dire avec l'Apôtre des nations : « Ce n'est plus moi qui vis, c'est Jésus-« Christ qui vit en moi. » Dans les dernières années de sa vie, elle avait contracté avec Dieu l'union intime que les mystiques appellent les « fiançailles spirituelles, » Elle ne pouvait détourner sa pensée de Dieu ; il était l'unique occupation de son cœur. Au seul nom de Dieu ou de Jésus, son visage s'empourprait et des larmes coulaient de ses yeux.

L'amour divin ravissait en extase Giuseppina ; une de ses amies en fut plusieurs fois témoin.

Sœur Marie-Thérèse Caudullo rapporte que, l'accompagnant au jardin où elles s'entretenaient délicieusement de Dieu, elle la vit bien souvent ravie, élevée de terre d'une ou deux coudées, jouissant de visions célestes que sa profonde humilité tenait cachées ; elle défendait à sa compagne d'en dire mot à qui que ce fût. « Elle était « tellement absorbée en Dieu, dit la même amie, « qu'elle laissait tomber les objets qu'elle tenait à « la main, ce qui pourtant ne lui arrivait jamais « lorsqu'elle travaillait pour l'église ou pour les « pauvres. » Sa cousine Angèle Consoli dit qu'elle se tenait dans une continuelle union avec son Dieu et que son visage respirait l'extase. Quand elle portait ses regards sur le Crucifix, ils restaient fixes et immobiles ; et malgré les personnes qui passaient et repassaient devant elle, ses yeux semblaient de marbre.

Son amour pour Dieu faisait naître en elle un vif désir de voir le Seigneur connu et aimé de tous les hommes. Elle souhaitait de donner mille fois sa vie pour ramener à Dieu les âmes qui couraient à leur perdition. Son cœur était serré d'une indi-

cible tristesse à la pensée de tant d'âmes indiffé-
rentes à l'amour de Dieu et si empressées à pour-
suivre les frivolités du monde.

Giuseppina alimentait en elle l'amour divin par
de pieuses lectures. Ses livres favoris étaient
L'Année Douloureuse qui lui servait pour ses
méditations sur la Passion, et *La Journée du
Chrétien* ; puis *Les Maximes éternelles* et *Les
Gloires de Marie* de saint Liguori.

Elle avait une dévotion particulière au Saint
Enfant Jésus, à la Passion et au Sacré Cœur de
Jésus dans la sainte Eucharistie.

La dévotion au Saint Enfant Jésus est suave,
douce, agréable et très avantageuse aux âmes,
elle les réjouit dans le chemin de la perfection et
leur inspire les plus belles vertus. Quelle joie les
vierges consacrées à Dieu trouvent dans l'amour
du Divin Enfant ! C'est notamment à cette dévotion que notre héroïne dut cette pureté angélique
de pensées, d'intentions, d'affections qui l'a élevée
à un si haut degré de sainteté. Elle conservait dans
sa chambre une belle et gracieuse image de l'Enfant Jésus ; devant elle, elle passait de longues
heures à genoux, priant et épanchant la sainte
tendresse de son cœur dans les élans enflammés
et les pieux baisers que lui inspirait son amour.
Son dernier soin le soir, après son examen de
conscience et sa lecture spirituelle, était de saluer
l'Enfant Jésus et de veiller à ce que la lampe

qu'elle entretenait devant cette image ne s'éteignît pas. Et ces témoignages extérieurs n'étaient rien auprès des extases où la ravissait le mystère de l'Incarnation.

De la crèche, des langes et des pleurs de Jésus Enfant, la Servante de Dieu passait à la Passion du Sauveur, à son agonie, à la sueur de sang dans le jardin de Gethsemani, à la flagellation, au couronnement d'épines, à la douloureuse montée du Calvaire, au crucifiement; et elle s'abîmait dans les larmes d'une immense douleur.

Les plaies de Jésus Crucifié, voilà le grand livre où Giuseppina apprit si bien et si promptement à mépriser le monde, à aimer la souffrance, la mortification, à désirer le ciel, enfin à déployer vis à vis du prochain cette tendre charité qui brillait en elle d'un si vif éclat.

Bienheureuses les âmes qui tiennent leurs regards fixés sur Jésus Crucifié par amour. C'est là qu'elles puisent la vraie sagesse; en un quart d'heure elles apprennent plus qu'en lisant les livres de tous les philosophes de l'univers.

La dévotion de la Servante de Dieu envers le Cœur Sacré de Jésus dans la Sainte Eucharistie était absolument séraphique. Près du Saint-Sacrement, elle pouvait s'écrier avec l'Epouse des Cantiques : « J'ai trouvé le Bien-Aimé de mon âme, je « ne le quitterai jamais ; je ne m'éloignerai pas de « son trône d'amour. »

Quatre fois par jour, elle courait à l'église paroissiale pour adorer Jésus dans de longues et profondes méditations. Elle y serait restée la journée entière si on le lui eût permis. Elle communiait chaque jour, toujours plus fervente et. plus embrasée des flammes de la charité parfaite, et elle s'y préparait avec le soin qu'y apportent les saints. Les témoins de ses communions se sentaient profondément émus ; car bien qu'on ne sût jamais ce qui se passait dans son âme après la Sainte Communion, son visage enflammé et son cœur palpitant d'amour témoignaient assez qu'elle jouissait d'un bonheur extatique, en s'occupant près de son Céleste Epoux des intérêts de Dieu et des âmes. Elle prolongeait tout le jour cette délicieuse union par de fréquentes communions spirituelles. « *Faisons la communion spirituelle,* » disait-elle souvent à son amie. — « *Loué soit Jésus-Christ,* » tel était le salut qu'elle adressait à une sœur du monastère de Saint-Julien.

Elle assistait à toutes les Messes et son attitude exprimait sa foi profonde aux Saints Mystères. Elle éloignait alors toute pensée étrangère et se plongeait tellement dans la contemplation du divin Sacrifice que, si on lui parlait, on la trouvait comme hors d'elle-même et tout inondée de larmes. Pour Giuseppina, le Saint Sacrifice était un vrai paradis sur terre, et à juste titre, car une seule Messe procure à Dieu plus d'honneur que toutes les prières, les louanges et les souffrances de tous les Saints, toutes les fatigues des Apôtres, tout l'amour des Séraphins et de Marie Immaculée.

Que de chrétiens ne font aucun cas de ce trésor infini de la Sainte Messe, et se privent d'un moyen facile et sûr d'obtenir de Dieu les grâces les plus précieuses, dans leurs besoins spirituels et temporels !

La douce Vierge aimait beaucoup l'ornementation et la propreté de la maison de Dieu, le pieux éclat des cérémonies saintes. Aussi concourait-elle par de généreuses offrandes à la splendeur des fêtes qu'on devait célébrer.

Elle avait pour les prêtres une grande vénération. Elle s'inclinait profondément lorsqu'elle les rencontrait, se recommandait à leurs prières, demandait leur bénédiction et, si elle le pouvait, leur baisait respectueusement la main. Vénérer les ministres de Dieu, voilà ce qui distingue non seulement les saints, mais encore tous les bons catholiques.

X

RIEN d'étonnant que Giuseppina fut si embrasée d'amour pour Jésus-Christ; elle eut Marie pour maîtresse à cette école. Quand une âme s'efforce de monter à la plus haute perfection chrétienne, n'est-ce pas près de Marie qu'elle apprendra le mieux comment il faut s'y prendre pour progresser dans la foi, dans la charité, dans la vertu? Marie n'est-elle pas la « Mère du Bel Amour et de la Sainte Espérance? » La dévotion à la Mère de Dieu est la marque des âmes d'élite, l'espoir des vrais croyants; elle fait les délices du cœur.

Dès son enfance, Giuseppina aima tendrement la Très Sainte Vierge; mais à dater du jour où elle consacra à Dieu sa virginité, elle mit tous ses soins à l'honorer et à l'imiter. Elle tenait tournés vers Marie les regards de son esprit et les affections de son cœur. Elle l'invoquait à tout moment, dans tous ses besoins spirituels, avec une confiance si vive qu'elle en obtint la grâce de courir librement et sûrement dans la voie de la sainteté. Le saint Nom de Marie était une jubilation pour son cœur, une mélodie céleste pour ses oreilles, un miel délicieux pour ses lèvres. Cent fois par jour, elle répétait : « *O Marie, ô Marie, vous êtes « mon salut.* » Elle demandait ardemment dans ses prières un nouvel accroissement d'amour pour la Reine du Ciel. Elle le savait, il est impossible d'aimer Jésus sans une vive dévotion à sa Bienheureuse Mère ; tout hommage rendu à Marie est un acte de pur amour de Dieu, puisque la Sainte Vierge est ce que Jésus a de plus cher.

Lorsque Giuseppina entendait prêcher sur les grandeurs et les gloires de cette divine Mère, elle éprouvait tant de joie qu'elle ne pouvait plus retenir ses larmes. Elle parlait de la bonté et de la miséricorde de Marie avec un amour si brûlant qu'on se sentait pressé d'aimer la Mère de Dieu. Elle se préparait toujours à ses fêtes par des neuvaines de prières, des jeûnes et des mortifications ; elle célébrait avec une dévotion particulière les fêtes de l'Immaculée Conception, de Notre-Dame du Mont-Carmel et de l'Annonciation, fête patronale de Pedara. Elle visitait souvent l'église érigée sous ce titre.

Elle récitait chaque jour le Rosaire en entier, le tenant pour un hommage très agréable à Marie. Elle le faisait à genoux, si recueillie et versant tant de larmes qu'elle semblait jouir de la vision de la Reine des Anges dans ses joies, dans ses douleurs et dans ses gloires.

Mais il ne suffisait pas à Giuseppina d'aimer la Très Sainte Vierge de tout son cœur, elle désirait ardemment que tous les hommes connùssent et aimâssent Celle qui est « le refuge des pécheurs, « la consolation des affligés, le secours des chré- « tiens, » la céleste échelle par laquelle Dieu descendit sur la terre et par laquelle les hommes montent au ciel. Aussi Giuseppina devint-elle à Pedara l'apôtre de Marie, en ranimant la dévotion de tous les cœurs envers elle par la récitation du chapelet. Elle distribuait avec un grand zèle les billets du Rosaire vivant et chacun, docile à l'invitation de la sainte jeune fille, récitait au moins sa petite part du Rosaire. Avec la permission du Vicaire[1] elle introduisit dans l'église principale la pieuse coutume de réciter chaque jour le Rosaire accompagné du chant des litanies de la Sainte Vierge avant la bénédiction du Saint-Sacrement ;

---

[1] Dans le diocèse de Catane il n'y a qu'un curé titulaire ; c'est Monseigneur l'Archevêque. Tous les autres prêtres ayant charge d'âmes dans les diverses paroisses n'ont que le titre de Vicaires.

ses compatriotes conservent précieusement cette coutume. Il lui arrivait souvent de se trouver dans une église éloignée ; mais aussitôt l'heure de l'office arrivée, elle courait à la paroisse pour assister au Rosaire. Un jour, dit on, il pleuvait à torrents ; craignant que personne ne se trouvât à l'église pour le pieux exercice, elle y vint accompagnée de deux amies et récita le chapelet avec elles. Elle s'efforçait d'inspirer la dévotion du Rosaire aux pauvres qui étaient de sa part l'objet d'une exquise charité. Pendant une année de disette, on la vit constamment entourée d'enfants qui sollicitaient quelque secours ; Giuseppina les accueillait par ces mots : « *Venez avec moi, nous allons d'abord* « *réciter le Rosaire à la Madone, ensuite je vous* « *donnerai l'aumône.* »

Sa cousine Angèle Consoli nous rapporte que la Servante de Dieu était très dévote envers Marie Immaculée. Elle lisait le livre de Saint Alphonse de Liguori : *Les Gloires de Marie*, et se plaisait à redire aux âmes pieuses les prodiges de miséricorde accomplis par la Sainte Vierge et rapportés par ce saint Docteur.

Elle mit tout en œuvre pour que le mois de Mai, consacré à la Reine du Ciel, fut célébré très solennellement à Pedara. Quel beau spectacle que celui de notre jeune sainte occupée tantôt à chercher des fleurs pour orner l'autel de Marie dont elle eut toujours grand soin, tantôt à apprendre à ses compagnes le chant des litanies en musique, tantôt à les chanter elle-même de sa voix angélique ! La Servante de Dieu semblait hors d'elle même en songeant à la gloire de sa Mère du Ciel.

Cela lui arrivait fréquemment pendant qu'elle parait l'autel de la Sainte Vierge. « Dans son ravis-« sement, disait son amie Thérèse, elle oubliait « même les objets qu'elle tenait à la main ; elle « les laissait tomber à terre. » Et la bonne sœur dans son naïf langage ajoutait : « Elle était éprise « au plus haut degré de Marie Immaculée ; que de « verres et de vases de fleurs ne cassait-elle pas « dans le mois de Mai ! »

C'est en 1864 que le mois de Marie fut, pour la première fois, célébré solennellement à Pedara par les soins de Giuseppina.

Célébrer le mois de Marie à l'église ne lui suf-fisait pas ; elle entretenait à la maison un charmant petit autel tout orné de fleurs et de lumières et surmonté d'une gracieuse image de la Vierge Immaculée. Là, elle réunissait une troupe de petites filles, leur faisait chanter les louanges de la Mère de Dieu et les accompagnait sur son piano. Quelquefois la mère de Giuseppina riait de ces enfants qui ne savaient pas chanter, mais sa fille lui disait d'un ton suppliant : « *O maman,* « *ne leur dites rien, elles ne viendraient plus.* » Elle fut fidèle à cette pratique même pendant sa dernière maladie.

Marie se complaisait dans la ferveur et la dévotion de sa servante ; les dons célestes dont elle l'a comblée pendant sa vie et après sa mort en sont une preuve éclatante. Heureux qui pendant sa vie honore, aime et sert la sainte Vierge ! Il possède dans cette dévotion les plus sûrs moyens de salut, ceux que Dieu n'accorde qu'aux prédestinés. Heureux celui qui persévère dans cette dévotion, il gagnera la vie éternelle. A Marie sont confiés les trésors et les clés du ciel ; elle sauve qui elle veut.

Après la sainte Vierge, Giuseppina vénérait et aimait tendrement saint Joseph, son patron. Elle sut par expérience combien la protection de ce glorieux Patriarche est efficace, et combien de grâces insignes obtiennent toujours ceux qui recourent à lui. Après Marie, il n'est pas au ciel de saint plus puissant et plus glorieux.

Giuseppina avait aussi une très grande dévotion à son Ange gardien, à saint Michel, le Prince de la Milice céleste, à sainte Catherine d'Alexandrie, patronne secondaire de Pedara, aux illustres vierges et martyres siciliennes sainte Agathe et sainte Lucie, à saint Antoine de Padoue, enfin à saint Louis de Gonzague qu'elle avait choisi comme son protecteur spécial et comme modèle de pureté et de pénitence.

Enfin Giuseppina éprouvait une tendre compassion pour les âmes du Purgatoire. Remplie d'un saint zèle, elle s'efforçait de les secourir par des

prières, des jeûnes, des aumônes, des mortifications et des communions. Elle entendait la sainte
Messe et la faisait célébrer pour hâter l'instant où,
s'envolant dans le sein de Dieu, ces âmes pour-
raient le louer et le glorifier éternellement.

<hr>

SA CHARITÉ POUR LE PROCHAIN.

Si la jeune vierge sut tenir cachés sous le voile d'une héroïque humilité les dons qu'elle recevait de Dieu, il lui fut impossible de dissimuler l'ardente flamme de charité dont son cœur brûlait pour le prochain. Giuseppina fut vraiment l'apôtre de la charité à Pedara.

« Elle était, rapporte sa cousine Angèle Consoli, « d'une extraordinaire bonté pour les pauvres et « les malades ; elle allait les servir chez eux et « rapportait leur linge pour le blanchir et le rac- « commoder.

« Elle déposait à la dérobée d'abondantes au- « mônes sous leur chevet. Elle pansait leurs plaies « purulentes. A table, elle avait soin de détourner « les restes pour les petits malheureux. Pour se- « courir plus aisément une voisine malheureuse, « elle se servait d'un panier suspendu à une

« corde, et de sa fenêtre elle lui tendait l'aumône ;
« elle lui passait aussi du bois pour allumer son
« feu.

« Elle se faisait l'avocate des pauvres auprès de
« ses parents fortunés et recueillait leurs abon-
« dantes largesses. Elle s'adressait aussi à son
« oncle, avocat à Catane, et celui-ci, qui aimait
« beaucoup sa nièce, s'empressait d'accéder à ses
« requêtes. Ce bon oncle avait coutume, au jour
« de sa fête, de distribuer de l'argent ou des
« cadeaux à ses neveux. Giuseppina le priait de
« lui envoyer des aumônes qu'elle put donner
« ensuite aux pauvres. »

Dominique Pappalardo affirme avoir vu, sur la
place Saint-Vit, Giuseppina demandant l'aumône
pour ses petits pauvres aux personnes qui descen-
daient de l'église de l'Annonciation où les bons
habitants de Pedara ont la pieuse coutume d'aller
prier le samedi.

Carmela Petronia raconte qu'à table, la Servante
de Dieu ne mangeait que la moitié des mets pré-
sentés. Sa mère s'apercevant qu'elle destinait le
reste aux pauvres lui commanda de manger de
tout ; elle obéit, mais s'en affligea jusqu'aux larmes.
Elle ne pensait qu'aux pauvres durant ses repas.
Que de fois son extraordinaire charité lui attira
des réprimandes ! Elle les acceptait, calme et silen-
cieuse, et elle continuait à répandre des aumônes.

Thérèse Caudullo, qui fut son amie intime et

qui l'accompagnait presque partout, rapporte que Giuseppina s'intéressait à une famille de pauvres honteux, et leur donnait tous les huit jours de quoi acheter du pain pour la semaine. Lorsque, prenant sur ses repas, elle avait détourné quelques provisions, elle appelait les enfants pauvres, leur enseignait les premiers éléments de la foi, leur donnait son aumône et disait en les renvoyant : « *Apprends tes prières, mon enfant, et je te ferai* « *un vêtement ;* » elle tenait sa promesse. Aussi, tous les enfants de Pedara l'aimaient comme une mère !

Sa charité était inépuisable ; elle aurait voulu se priver de tout pour les pauvres. A-table, on l'entendait pousser de fréquents gémissements. Lui en demandait-on la raison : « *Nous mangeons, nous,* « *mais les pauvres ?* » répondait-elle. Et sa pieuse mère, pour la consoler, lui disait : « *Mange, ma* « *fille, je te donnerai de quoi faire l'aumône aux* « *malheureux.* »

Sœur Thérèse Caudullo rapporte que la Servante de Dieu, à table, mettait souvent sur ses genoux une feuille de papier épais pour ne pas tacher ses vêtements, et à la dérobée, y laissait tomber des morceaux de viande ou quelque autre aliment ; puis elle les serrait dans son tablier pour les porter aux pauvres. Il lui arrivait aussi de cacher les restes de ses repas derrière un cadre de saint Joseph avant de les distribuer.

Toujours occupée des autres, elle vivait dans un complet oubli d'elle-même. Combien de fois sa mère dut lui ordonner de remplacer ses chaussures usées et déchirées ! Peu lui importait sa personne. Les jours de neige, de pluie ou de vent, elle était toute triste en pensant aux souffrances que devaient éprouver les malheureux ; elle s'efforçait de les secourir. Dans une année de grande disette, elle distribua tous les jours aux indigents non seulement de l'argent, mais du pain, de la farine et des légumes en quantité. Pendant plusieurs années, elle pourvut à tous les besoins de certaines familles très pauvres.

Elle avait pour les nécessiteux une affection, une tendresse incroyables. C'est qu'elle voyait en eux la personne même de Jésus Christ et c'est à Lui que s'adressaient tous ses soins et tout son amour. On raconte qu'en hiver, un matin, revenant de l'église, elle aperçut près de la maison une pauvre jeune fille toute tremblante de froid. Avec une tendre compassion, elle s'approche d'elle et lui dit : « *Chère petite, qu'as-tu donc ? de quoi as-tu* « *besoin ? — Mademoiselle, je suis nu pieds, et je* « *meurs de froid.* » Giuseppina aussitôt enlève ses bottines, les lui donne, et la laisse remplie de consolation. Mais notre héroïne ne put cacher ce bel acte de charité ; sa mère la vit rentrer sans chaussures, comprit ce qui s'était passé et lui en fit un doux reproche : « *O Giuseppina, tu fais*

« *toujours des tiennes ! Ne pouvais-tu pas rentrer*
« *à la maison et envoyer par la servante une*
« *autre paire de chaussures !* » Par un doux sourire, Giuseppina fit comprendre à Madame Faro
qu'elle ne pouvait laisser souffrir un instant de
plus ses chers petits pauvres.

Thérèse Caudullo rapporte que pendant la dernière maladie de Giuseppina, il arriva une grande
sécheresse. Elle disait aux personnes qui la ser-
vaient : « *Epargnez l'eau, afin de pouvoir en don-*
« *ner aux pauvres* [1]. »

Elle enviait le sort des pauvres et les proclamait
bienheureux. Par la souffrance, pensait-elle, ils
deviennent semblables à Jésus-Christ et acquièrent
de grands mérites pour le ciel. Pour les encourager
à la résignation, elle leur exposait ces pensées.
Les tribulations présentes sont courtes, leur
disait-elle, et la récompense est sans fin. Les
infortunés recevaient de toutes ses visites le
réconfort, la joie et la consolation.

Dans ses après-midi, elle visitait les pauvres
malades ; ils l'appelaient leur ange consolateur.
Bien des fois on la vit empressée à nettoyer les
plaies les plus hideuses, qu'elle baisait ensuite
comme elle aurait baisé les plaies de son Jésus

[1] Pedara n'a ni fontaines, ni sources, mais seulement des
citernes. Quand une sécheresse arrive et se prolonge, les habitants
souffrent beaucoup.

bien-aimé. Thérèse Caudullo la vit apporter un lit
à une pauvre malade qui était couchée sur la terre
nue. Elle la visitait deux ou trois fois par jour,
lui portait de la nourriture, soignait une plaie qui
lui rongeait la jambe et la baisait humblement.
Souvent pour n'être pas connue ou arrêtée dans ses
visites, elle se déguisait en paysanne et portait
ainsi la consolation et la paix dans les cœurs où le
malheur était entré. Elle pénétrait dans les réduits
les plus infects et les plus misérables, elle y laissait de l'argent, du linge, d'autres soulagements et
disparaissait en disant : « *C'est le Seigneur qui
vous envoie ceci.* »

Les visites de Giuseppina à ses pauvres don-
nèrent lieu à plusieurs faits extraordinaires par
lesquels, semble-t-il, Dieu voulut récompenser sa
servante. Un soir, déguisée en paysanne, avec une
de ses amies, elle revenait de changer de linge un
pauvre malade. Désirant ne pas être connue, elle
évita de passer par la grande rue où son père, le
Docteur Faro, se trouvait, et elle prit un chemin qui aboutit au petit jardin situé près de la
maison paternelle. La porte du jardin, d'ailleurs
toujours ouverte, se trouva cette fois fermée à
clef ; Giuseppina ne parvint pas à l'ouvrir. Sans se
troubler, elle se tourne alors vers son amie et lui
dit : « *Prions la Mère de Dieu, elle nous exaucera.* »
« Nous nous agenouillâmes, » dit Thérèse, « nous
« récitâmes un *Ave,* et, nous n'étions pas encore

« debout que la porte s'était ouverte d'elle-même. »
La pieuse vierge en fut émue jusqu'aux larmes.

La charité de Giuseppina ne s'arrêtait pas aux
besoins corporels du prochain, elle s'inquiétait des
âmes et de leurs besoins spirituels. La douceur et
la paix de son visage étaient déjà pour ces pauvres
infortunés une espérance et un réconfort. « Elle
« n'avait que des paroles de douceur, » dit sa cousine Angèle, « jamais ses lèvres ne laissèrent
« échapper une parole, si peu blessante fut-elle,
« contre le prochain. » En sa présence, ses compagnes n'auraient pas osé parler mal des autres ;
c'était la blesser au cœur que de manquer de charité envers le prochain. — « Parlait-on en sa pré-
« sence des défauts d'une personne absente, » dit
Carmela Petronia, « Giuseppina prenait sa défense,
« et si elle ne pouvait faire plus, elle mettait fin à
« ses discours en disant : « *Prions Dieu d'avoir*
« *pitié d'elle.* »

Elle ne se départait jamais de sa douceur habi-
tuelle ; elle évitait d'humilier le prochain même par
des reproches mérités. « Arrivait-il à ses com-
« pagnes, » dit Carmela Forzesi, « de chanter
« quelque chanson mondaine, elle se retirait de
« suite dans une autre chambre où était sa mère :
« *Permettez que je reste ici,* » lui disait-elle.

Sa bienveillance et sa générosité à l'égard du
prochain se manifestaient en toute occasion,
même dans des choses puériles en apparence.

M. l'abbé Joseph La Rosa, administrateur des biens de l'église principale de Pedara, racontait récemment qu'à l'âge de dix ou onze ans, il aimait à jouer aux cartes avec son ami, François Faro, le jeune frère de Giuseppina. L'enjeu était d'un sou par partie. Or pendant qu'ils jouaient ainsi, de temps en temps Giuseppina tournait autour d'eux, essayant de suivre du regard les gains et les pertes. Un jour que la fortune n'avait pas souri à Joseph La Rosa, voilà qu'au moment de quitter le jeu, Giuseppina le prend à part. Avec une douce délicatesse, elle l'interroge : « *Dis-moi, Peppino,* « *qui a gagné?* » Le pauvre Joseph La Rosa, confus, lui avoue qu'il a perdu dix sous ; c'était toute sa fortune de joueur. Aussitôt Giuseppina lui glisse dans les mains les dix sous, et le laisse dans le ravissement de sa fortune si promptement et si gracieusement refaite.

Elle aimait, nous l'avons déjà dit, à se sacrifier pour les autres. Rapportons encore un fait arrivé pendant sa dernière maladie. « Quelques jours « avant sa précieuse mort, » dit Angèle Consoli, « le chanoine Bongiorno, de la cathédrale de « Catane, son directeur spirituel, était venu, à la « grande joie de la malade, la voir à Pedara. La « fête de l'Ascension, tombant cette année-là le « 18 mai, approchait. Giuseppina ne voyant que « le bien spirituel des âmes, dit au chanoine : « *Retournez à Catane, mon Père ; tant de fidèles*

« *vous attendent, pour s'approcher de Jésus dans*
« *l'Eucharistie au jour de la fête prochaine.* »

Giuseppina n'avait plus de repos lorsqu'une
âme retenue dans le péché refusait de briser ses
chaînes. Une jeune fille de Pedara se mourait de
la poitrine. Le démon du désespoir avait jeté le
trouble dans cette âme, et elle refusait de se
confesser. Giuseppina l'apprend ; elle accourt et
conjure la pauvre malade de rentrer en grâce avec
Dieu. Repoussée une première fois, elle ne se
tient pas pour battue ; elle revient et commençant
par lui placer sur la poitrine le scapulaire de Marie,
elle lui parle avec une telle charité que la malade
revenue à de meilleurs sentiments avoue ses fautes
au prêtre que Giuseppina va chercher elle-même.

A Pedara, une femme honorable n'oserait pas
entrer dans une de ces boucheries qu'on nomme
abattoirs. La Servante de Dieu y pénétra plusieurs
fois pour donner à Carmela Squatrito, qui y travaillait, l'occasion d'aller à l'église.

Monseigneur C. Zanghi, plein d'enthousiasme
pour l'apostolat de charité exercé par Giuseppina
dans sa patrie, à l'anniversaire de la mort de l'héroïque vierge, fit son éloge en ces termes devant
ses concitoyens : « Cette douce vierge fut un séra-
« phin d'amour envers Dieu ; mais dites-moi, ne
« fut-elle pas aussi l'apôtre de la charité au milieu
« de vous, l'ange consolateur des pauvres, des
« malades, des âmes affligées, des familles dans la

« peine ? Oh ! tandis que je vous raconte comment
« Giuseppina fut un miroir de vertu pour les reli-
« gieuses de son monastère, je vois briller pareil-
« lement en elle dans tout son éclat sa charité
« envers les malheureux. Avec les manières les
« plus délicates, elle vous donnait ses secours,
« pauvres malades, et vous prodiguait avec bon-
« heur les dons abondants que lui remettaient ses
« généreux parents. Qui de vous ne l'a rencontrée
« aux jours de disette allant partout comme un
« ange consolateur ?... A la faveur des ombres de
« la nuit, déguisée en paysanne, elle visitait les
« réduits des pauvres malades pour en nettoyer
« les recoins les plus infects, préparer à ses frais
« et de ses mains leur nourriture, panser leurs
« plaies, laver leurs haillons ensanglantés ! —
« Allons plus loin. L'air retentit de gémissements
« navrants et répétés qui s'échappent d'une fétide
« masure. Une porte s'ouvre, c'est comme le lever
« d'un rideau de théâtre sur une scène émouvante
« et pleine d'horreur à la fois. Dans un misérable
« réduit les traits endoloris et convulsifs d'un
« nouveau Job entrent en agitation ; mais une
« main, douce comme l'aile d'un ange, essuie la
« sueur froide qui perle sur le front du malheu-
« reux, panse ses plaies gangrenées, dépose dis-
« crètement quelques pièces de monnaie sur le lit
« où le clouent la douleur et la faim... et disparaît
« dans la nuit comme un météore de paix.

« Développez par des peintures toujours plus
« riches ces tableaux d'une bonté toute céleste, et
« vous aurez l'ensemble des étapes de cette carrière
« de vingt-quatre ans fournie par celle que vous
« avez perdue.

« Oh ! venez et parlez, vous qu'elle a instruits,
« vous à qui elle a donné de si sages conseils dans
« vos doutes, vous qu'elle a consolés dans vos
« afflictions. Dites-nous comme sa voix devenait
« un baume pour les cœurs serrés par la froide
« main de l'adversité, ou blessés par le péché et
« endurcis sous le poids de la honte.

« Ah ! sachez, vous qui m'écoutez, que le miel
« qui découlait de ses lèvres si pures, avait sa
« première source dans son amour si tendre pour
« Marie. Elle avait été à l'école de Celle qui arra-
« chait à saint Bernard ce cri d'admiration : O clé-
« mente, ô pieuse, ô douce Vierge Marie ! de Celle
« à qui elle était consacrée dès son enfance, de
« de Celle qui sourit à votre pays parce qu'ici on
« l'aime comme on aime la patrie et la vie. »

ÉGLISE DE L'ANNONCIATION
ÉGLISE PAROISSIALE DE PEDROU

XII

SON ENTRÉE AU COUVENT.

SA VIE SÉRAPHIQUE AU MONASTÈRE.

Giuseppina était âgée de vingt et un ans. Son désir, plus ardent que jamais, était de quitter la riche maison de son père pour entrer dans un monastère et s'y appliquer dans une paix plus profonde et dans une solitude plus complète à la contemplation des choses célestes.

L'hiver de 1869 faisait sentir ses rigueurs plus qu'à l'ordinaire, et, malgré tout son désir, Giuseppina ne pouvait aller tous les jours à l'église adorer son Dieu au Très Saint Sacrement. Elle décida donc ses parents à descendre à Catane pour y passer la mauvaise saison. Elle s'ouvrit de son dessein de vivre dans un couvent au chanoine

Leotta qui lui conseilla de le mettre aussitôt à exécution. Son père et sa mère qui l'aimaient avec raison d'une affection sans bornes, puisqu'elle était leur plus sainte joie, préférèrent de beaucoup se priver de leur trésor plutôt que de s'opposer aux desseins de Dieu sur elle. Elle les quitta donc pour entrer comme pensionnaire au cloître des Bénédictines de Saint-Julien à Catane. On était au mois de novembre 1869, et elle avait alors vingt et un ans.

Ce ne fut pas sans larmes que ses compagnes lui firent leurs adieux quand elle quitta Pedara. Une des plus désolées fut Thérèse Caudullo à qui Giuseppina dit pour la consoler : « *Oh ! ne te* « *tourmente pas, je ne resterai pas longtemps au* « *couvent, je n'y serai pas plus de deux ans.* » Elle n'y fut en effet que dix-huit mois.

Le bruit de sa sainteté l'avait précédée ; aussi les religieuses l'accueillirent-elles avec le plus vif empressement. Elles ne tardèrent pas à s'apercevoir que la vertu de leur jeune compagne surpassait de beaucoup sa renommée. L'abbesse du monastère, Sœur Marie de la Conception Costantina, et la Sœur Marie-Baptistine Scammacca assurèrent au Père Caruso que les plus anciennes religieuses ne virent jamais dans le couvent âme élevée à une si haute perfection et si étroitement unie à Dieu. « Elles me rapportèrent, » dit le Père, « des choses « vraiment merveilleuses de l'obéissance, de l'hu-

« milité et des autres vertus de Giuseppina. » Elle brûlait d'un ardent désir de passer des journées entières en oraison aux pieds de Jésus-Hostie, en qui elle trouvait ses plus pures délices. Mais la prudente abbesse craignant pour sa santé, ne lui permettait de rester au chœur que le temps fixé par la règle, et toujours obéissante, la douce vierge se soumettait sans rien dire.

Patiente et toujours enjouée, elle ressentait une sainte joie de tout ce qui pouvait l'humilier. Voulait-on, au contraire, la faire rougir et lui causer quelque peine, il suffisait de lui adresser une parole de louange. Elle laissa tomber un jour une tasse qu'elle tenait à la main et qui fut cassée. Elle courut aussitôt confesser sa faute à la Supérieure, afin d'en recevoir les reproches qu'elle croyait mériter. Au lieu de réprimande, elle obtint cette réponse : « *Qu'est-ce qu'une tasse brisée, mon* « *enfant ? vos parents vous envoient assez souvent* « *de l'argent.* » A ces mots, le cœur si humble de Giuseppina se serra douloureusement, et elle fondit en larmes, ce qui fut pour les Sœurs présentes un grand sujet d'édification.

Elle avait pour la sainte pauvreté un amour aussi grand que si elle en eut fait le vœu solennel. Aussi avec la permission de sa supérieure, elle distribuait aux malheureux l'argent que ses parents lui remettaient pour son entretien personnel. Jamais elle ne demanda pour elle ni vêtement ni rien de ce qui lui était nécessaire, il fallait que sa supérieure songeât à l'en pourvoir.

Un jour du mois de mai, elle tirait au sort des sentences avec ses compagnes ; il lui échut celle-ci : *Enlevez tout ce qu'il y a de superflu dans vos vêtements.* L'humble vierge, vêtue on ne peut plus simplement et modestement, ne voyant pas ce qu'elle pourrait enlever, le demandait ingénument à ces compagnes.

Humble, douce, patiente, détachée de tout et sans cesse absorbée par l'amour de Dieu son unique bien, elle était devenue l'édification et le modèle des plus parfaites Epouses de l'Agneau divin.

Monseigneur Dusmet, archevêque de Catane, étonné de ce qui lui revenait de tous côtés au sujet de la sainteté de la pieuse novice et de ce qu'il avait pu lui-même observer, demanda un jour au chanoine Bongiorno, confesseur de la Servante de Dieu, ce qu'il pensait de cette âme extraordinaire : « *Ce sont des abîmes insondables,* » répondit le chanoine. C'était la vérité. Humble comme elle l'était, elle demandait toujours à Dieu avec instance de cacher aux autres les grâces et les dons précieux dont elle était favorisée. Rappelons à ce sujet un fait antérieur. Tandis que Giuseppina était encore auprès de sa mère, celle-ci émue d'une vie si extraordinaire et voulant s'assurer de la sincérité de son enfant, interrogea un pieux et docte religieux des Réformés qui était alors à Pedara et auquel Giuseppina s'adressait pour ses confessions extraordinaires. Un jour donc que celle-ci venait de quitter le confessionnal, sa mère demanda au Père ce qu'il pensait de la jeune fille. Celui-ci, tout émerveillé de son éminente sainteté, répondit : « *J'ai trouvé une âme qui a conservé son inno-* « *cence baptismale !* »

Monseigneur C. Zanghi, l'illustre vicaire général, confesseur des religieuses de Saint-Julien, parle ainsi avec autant d'éloquence que de vérité de la vie séraphique de Giuseppina au couvent.

« Giuseppina ayant dit adieu aux douceurs de
« la maison de son père, aux grandeurs de sa
« condition, aux sympathies de tous ceux qui l'en-
« touraient, se tourna vers Dieu tout entière,
« s'offrit à Lui complètement... Son entrée dans
« le cloître de Saint-Julien fut vraiment pour elle
« le gage du bonheur. Dieu l'avait réservée sans
« sans doute à cette époque troublée et hostile à la
« religion et à l'Eglise, pour montrer qu'aujour-
« d'hui encore, on peut vraiment aimer Jésus-
« Christ dans l'ombre du cloître, et qu'il faut
« conserver les Ordres religieux, *incarnation su-*
« *blime du génie chrétien,* selon l'expression de
« Renan lui-même.

« O mille fois heureuses les Bénédictines de
« Saint-Julien de Catane qui l'eurent pour com-
« pagne ! Elles l'ont vue gardant toujours un pro-
« fond silence, comme cloîtrée en elle-même et

« dans un perpétuel soliloque d'amour. Elles l'ont
« vue, modèle d'obéissance, ornée de tous les
« dons divins qu'on remarquait dans le saint abbé
« de Clairvaux. Elles l'ont vue, grâce à son amour
« pour Dieu, d'une âme toujours égale et répon-
« dant avec un doux sourire sur les lèvres ; on
« aurait dit, tant sa patience était héroïque, que
« tous les mauvais effets du péché originel, dis-
« cordes, luttes, chagrins, n'existaient pas pour
« elle. Elles l'ont vue assidue et d'une ferveur in-
« dicible dans ses oraisons, le visage en extase et
« baigné de larmes. Elles l'ont vue demandant
« chaque jour à la Sainte Eucharistie le réconfort
« de son âme et les traits illuminés d'une joie in-
« comparable lorsqu'elle recevait avec sa foi si vive
« le gage de la gloire future. Elles l'ont vue s'éva-
« nouir devant l'image de Jésus crucifié, remplie
« de douleur, comme un des Séraphins du Cal-
« vaire.

« O angélique Louis de Gonzague, tu ne fus
« pas seul à méditer avec d'abondantes larmes
« sur les plaies si éloquentes de Jésus! Giusep-
« pina Faro, ta fidèle servante, laisse le lieu de
« son oraison baigné de pleurs qu'elle y a répan-
« dus. O ange de Mantoue, tu n'as pas été le seul
« à passer de longues journées en prières, à
« pouvoir prier une heure sans distractions! Elle
« aussi, l'ange de ce pays, dut être retenue par
« ses sœurs, pour ne pas voler à chaque instant

« devant le Tabernacle afin de s'entretenir avec
« son Bien-Aimé....

« O Divin Epoux des âmes, attaché à la croix,
« quels rayons brûlants vous dardiez sur son cœur
« virginal ! La douce enfant en extase serre son
« Crucifix, le baise et répète dans un cri, que les
« anges entendent, et où passe l'ardeur de son
« âme : « *Il est mon amour, il est mon sang, ma*
« *vie, ma richesse, mon partage, ma gloire !* »

IIIX

SA DERNIÈRE MALADIE.

SA MORT.

JÉSUS aimait Giuseppina, et Giuseppina n'avait d'autre désir que de s'unir au plus vite à son céleste Epoux. Comme sainte Thérèse, souvent elle s'écriait : *Je meurs de ne pouvoir mourir.* En peu de temps elle avait fourni une longue carrière ; l'heure du repos et de la paix avait sonné pour elle.

Au mois d'avril 1871, la Servante de Dieu fut frappée subitement par la maladie, de telle sorte que les médecins jugèrent son séjour au couvent impossible. Ils décidèrent de chercher un remède dans l'air de son pays natal. C'était un grand sacrifice que lui demandait le Seigneur, mais elle l'accomplit promptement, et avec générosité, bien que son cœur en fut déchiré. Ce fut en effet une grande peine pour elle de quitter ce saint asile, qu'elle avait désiré si vivement, où elle avait fait de si grands progrès dans la perfection, où elle avait goûté tant de douceur à s'entretenir avec Jésus au Très Saint Sacrement de l'autel. Elle gardait une affection pleine de reconnaissance pour les religieuses et les novices et il lui en coûta de se séparer d'elles. Le jour de son départ fut pour le monastère de Saint-Julien un jour de deuil et de larmes. Les bonnes Sœurs et toutes les pensionnaires ne pouvaient se séparer de la sainte jeune fille ; elles l'embrassaient tendrement et se recommandaient à ses prières. Giuseppina toute en pleurs, les remerciait et les priait de ne pas l'oublier devant Dieu. Elle quitta Saint-Julien le 14 avril, mais elle y laissa son cœur. Pendant le voyage, elle se tournait vers sa mère et lui disait tout émue : « *Ma bonne mère, comment vais-je* « *faire pour vivre loin de mon Dieu au Saint-* « *Sacrement ?* » — Et sa bonne mère lui disait pour la consoler : « *Mais, ma fille, nous te laisse-* « *rons aller à l'église autant que tu le désireras.* »

Les derniers jours d'avril se passèrent assez bien, et tout Pedara, qui l'avait vue revenir avec une joie extrême, se plaisait à penser que Dieu exauçait déjà les ferventes prières faites pour sa guérison.

Une foule de personnes, désireuses de revoir leur chère Giuseppina, venaient à la maison ; et toutes s'en retournaient très édifiées de sa douceur, de son humilité, de son angélique modestie. Plus elle approchait de sa fin, plus on remarquait que son union avec Dieu devenait intime. Son recueillement, sa simplicité, ses saintes paroles ravissaient les âmes et les portaient à la vertu. Tout le monde la regardait comme un modèle de virginité chrétienne.

Cependant le mal qui la minait allait s'aggravant. Dès les premiers jours de mai, elle se mit au lit pour ne plus se relever. Son père, médecin habile, essaya tout pour la guérir, mais tout fut inutile : une fièvre ardente la consumait, ses douleurs étaient extrêmes, son corps n'était qu'une plaie. Calme et sereine, elle souffrait joyeusement, et désirait souffrir davantage pour l'amour de Dieu. Les douleurs ne lui firent pas perdre un seul instant la joie de son âme. Elle ne donna pas le moindre signe de peine ou d'ennui. Une seule fois elle parut triste et désolée, ce fut quand le médecin déclara qu'il ne fallait plus songer à rentrer au couvent. Comme on lui demandait le sujet de son chagrin, elle répondit : « *Ce qui me désole, c'est* « *qu'en dehors du monastère, on ne me permettra* « *pas d'aller à l'église autant que je le voudrais.* »

C'est dans le souvenir de la Passion du Sauveur qu'elle puisait toute sa force, elle rappelait aux personnes qui la plaignaient les tortures et l'agonie de Jésus attaché pour nous à la croix :

« *Ma bonne mère*, disait-elle à Madame Faro qui
« compatissait à ses souffrances, *que sont mes*
« *souffrances en comparaison de celles qu'endura*
« *pour nous notre très doux Rédempteur pendant*
« *sa Passion ? O ma mère, qu'elles furent atroces*
« *les tortures qu'éprouva Notre Seigneur quand,*
« *après sa flagellation, sa tête divine fut encore*
« *transpercée de cruelles épines !* »

Toute émerveillée des saintes paroles de sa fille,
Madame Faro, les larmes aux yeux, remerciait
dans son cœur le Seigneur d'avoir élevé sa chère
enfant à une si haute perfection.

Lorsqu'il était nécessaire de refaire son lit, les
servantes se hâtaient le plus possible afin de ne
pas prolonger ses souffrances, mais elle les conjurait de n'avoir point tant d'égards pour son misérable corps qui serait bientôt la pâture des vers.

Elle n'oubliait pas ses chers pauvres, et, non
contente de les recommander sans cesse à sa mère,
elle faisait tout son possible pour les secourir.
Nous l'avons vu, elle disait aux personnes qui la
soignaient de ne pas prodiguer l'eau et d'en donner aux malheureux souffrant de la sécheresse qui
désolait le pays. Souvent elle se privait de boire,
bien que la maladie qui devait l'emporter lui fit
endurer une soif extrême.

Elle s'entretenait avec tous ceux qui la visitaient,
et ses paroles semblaient venir du ciel. Si son
corps était infirme, son âme était pleine d'une

vigueur céleste, fruit de son union avec Dieu. Elle
voulut qu'on dressât dans sa chambre un petit
autel à la Sainte Vierge, et elle demanda à ses
compagnes de célébrer avec elle pour la dernière
fois le Mois de Marie. Son cœur virginal laissait
déborder les pensées, les affections, les désirs, les
saints élans dont il était rempli. Qui dira les transports
de joie céleste auxquels elle se livrait en
voyant approcher la fin de son exil ?

Ecoutons sa cousine A. Consoli : « Durant sa
« dernière maladie, elle se faisait lire : *Les maxi-*
« *mes éternelles*, de saint Liguori, elle les écoutait
« avec un profond recueillement. — Elle aurait
« voulu communier tous les jours, mais on ne put
« satisfaire son désir qu'une fois par semaine, et
« encore en viatique. » Elle souffrait de cette pri-
vation, mais elle demeurait soumise à ce que son
confesseur avait décidé. Elle manifestait une ferveur et une piété extraordinaires quand elle recevait son Dieu. Qui pourrait dire combien de fois
elle pratiquait la communion spirituelle, et avec
quelle piété elle assistait de son lit à la Messe que
chaque jour le chanoine Bongiorno, venu pour
elle de Catane, célébrait dans la chapelle domes-
tique de la maison ?

Elle aimait à nourrir son âme des paroles de la
Sainte Ecriture. Quand son confesseur la visitait,
souvent elle lui disait : « *Père, que fait Jésus ?*
« *Est-il bien derrière le mur, regardant par la*

« *fenêtre, observant à travers les barreaux ?* »
Le pieux chanoine lui expliquait alors le texte du
Cantique des Cantiques ; et elle, après l'avoir respectueusement écouté, semblait s'assoupir dans
une douce contemplation. Puis tout à coup se réveillant, elle demandait l'explication d'un autre
passage des Saints Livres.

L'ignorance de beaucoup de chrétiens, pour ne
pas dire leur manque de foi, les jette dans la
frayeur quand on leur parle de l'Extrême Onction.
Giuseppina n'en était pas là, elle ne redoutait
point la mort et pouvait dire comme saint Bernard :
« O bonne mort, tu ne nous ravis pas la vie, tu
« nous la changes en une meilleure. » Elle
demanda elle-même l'Extrême-Onction, et elle
pria avec amabilité ses parents et ses amis de
faire tous les préparatifs pour la réception de ce
sacrement. Quels transports d'amour, quel recueillement, quelle modestie, que de larmes quand elle
reçut le Saint Viatique ! Les prêtres et toutes les
personnes présentes à cette cérémonie répètent toujours qu'ils furent témoins d'une scène des cieux.

Giuseppina avait une petite nièce de quatre ans
nommée Louisette, dont la mère, Madame Rosaria
Monastra Faro, était la digne sœur de la Servante
de Dieu. Cette aimable enfant, aussi candide que
spirituelle, voulait rester continuellement près de
sa sainte tante.

Or celle-ci, quelques jours avant sa mort, lui

dit : « *Ma petite Louise, voudrais-tu venir avec*
« *moi au Paradis ? — Oh ! oui, je le voudrais*
« *bien !* » répondit l'innocente enfant ; et courant
aussitôt vers sa mère : « *Maman,* lui dit-elle,
« *tante Giuseppina veut m'emmener avec elle au*
« *Paradis.* » La pauvre mère, le cœur bouleversé
par cette parole, lui répondit : « *Va dire à ta*
« *tante : pas encore, mais quand je serai vieille.* »
Giuseppina s'envola au ciel le 24 mai ; un mois
après, jour pour jour, le 24 juin, la petite Louise
rejoignait sa tante et prenait place au milieu des
anges.

« *Les âmes des justes,* dit l'Esprit-Saint, *sont*
« *dans la main de Dieu, et les frayeurs de la mort*
« *ne les toucheront point.* » — « Viens donc,
« ô mort, s'écriait saint Jérôme, tends-moi la
« main, ne tarde pas davantage. O douce, ô joyeuse
« mort, tes lèvres sont un rayon qui distille le
« miel ! » Tels étaient les sentiments de Giuseppina. Sans doute, si son confesseur lui eût
conseillé de demander au Seigneur une plus
longue vie, elle eut répondu comme saint Louis
de Gonzague à Bellarmin : « Je ne le puis pas, il
« n'est pas possible à Dieu de faire à l'homme
« une plus grande faveur que de l'appeler à Lui,
« tandis qu'il est riche de ses grâces. »
Le 23 mai, Giuseppina voulut voir toute sa
famille. Elle remercia tous les siens de leur bienveillance et de leurs bontés, puis elle demanda la

bénédiction de ses parents désolés. Elle rendit grâces aussi à son confesseur pour l'empressement qu'il avait mis à la diriger et à l'encourager.

A Pedara, et dans beaucoup de localités de la Sicile, quand une personne est à l'agonie, on expose le Saint-Sacrement à l'église afin d'implorer la grâce d'une sainte mort pour la pauvre malade. Giuseppina entendit sonner les cloches pour l'exposition du Saint-Sacrement : « *Maman, pour-* « *quoi sonne-t-on,* demanda-t-elle, *est-ce qu'on* « *expose Notre-Seigneur pour moi ? — Tu le* « *désires donc, mon enfant ?* répondit celle-ci. « *— Oh! oui, maman,* dit Giuseppina. » Et quand sa mère l'eut assurée qu'en effet le Saint-Sacrement était exposé à son intention, elle en manifesta une grande joie et s'unit en esprit aux fidèles qui adoraient Jésus dans l'Eucharistie.

Dans la nuit du 23 au 24, elle sembla tout absorbée en Dieu. Elle supportait ses cruelles douleurs avec un calme admirable ; comme son confesseur l'invitait à humecter ses lèvres brûlées par la fièvre, elle le pria de lui permettre d'endurer cette soif ardente en souvenir de celle que souffrit le Sauveur pendant son agonie sur la Croix.

Elle portait ses regards tantôt sur l'image de l'Enfant Jésus, tantôt sur celle de Marie. Toute la nuit, elle eut des paroles d'amour et répéta des oraisons jaculatoires. Elle garda sa lucidité d'esprit jusqu'au dernier moment. Une heure avant de mourir, elle dit à sa gardienne : « *Car-* « *mela, retourne-moi de l'autre côté une dernière* « *fois, parce que bientôt tu m'entendras pousser* « *trois cris, et puis je mourrai.* » Peu après, voulant mourir comme elle avait vécu, dans une parfaite obéissance, elle demanda à son confesseur la permission de quitter la terre. Au bout d'un instant elle jeta les trois cris qu'elle avait annoncés, et rendit doucement son âme à Dieu.

C'était le mercredi, jour dédié à Notre-Dame du Mont-Carmel, en la fête de Marie Auxiliatrice et dans la neuvaine préparatoire à la fête de la Pentecôte. Giuseppina avait alors 24 ans, quatre mois et six jours.

Il faut renoncer à dépeindre la douleur de ses parents et de toute sa famille. Mais en vertueux et parfaits chrétiens, ils adorèrent dans une complète soumission la sainte volonté de Dieu. Madame Thérèse Faro disait que la mort de sa fille chérie lui avait broyé le cœur dans une inexprimable douleur, mais qu'elle goûtait cependant au fond de son âme une paix et un calme indicibles. C'était Giuseppina qui priait au ciel pour sa mère bien-aimée.

Aux regrets de la famille, vinrent s'ajouter les larmes du village tout entier. Ses compatriotes pleuraient le départ prématuré de l'aimable vierge qui avait exercé parmi eux un doux et puissant apostolat de vertu et de charité. Les pauvres ne pouvaient se consoler d'avoir perdu leur ange consolateur.

On se porta en foule à la maison du Docteur Alfio Faro. Tous voulaient une fois encore contempler les traits de l'aimable vierge, tous désiraient emporter quelque souvenir, et pour satisfaire au moins les personnes les plus distinguées, il fallut distribuer ses livres de prières, ses images pieuses et une foule d'objets dont elle s'était servie. A peine eut-elle rendu le dernier soupir, que son visage reprit son apparence ordinaire ; on y pouvait admirer le sourire de l'innocence et l'éternelle beauté de la virginité ; ses yeux étaient demeurés ouverts et fixés vers le ciel ; elle ne semblait pas morte, mais en extase.

Le 25, la foule se pressait dans la grande église de Pedara. Des pays voisins même, on accourut pour assister au convoi de l'angélique Giuseppina et l'acclamer bienheureuse, sainte, chérie de Dieu et de la Reine des Anges. Ses funérailles eurent l'aspect d'un triomphe. La dépouille mortelle de la vierge fut portée à l'église de l'Annonciation accompagnée du clergé, des Confréries, des laïques et du peuple tout entier qui ne cessait de célébrer ses admirables vertus.

Depuis longtemps les campagnes souffraient de la sécheresse, les villages manquaient d'eau ; on désirait la pluie. Plusieurs habitants de Pedara pensèrent prier la Servante de Dieu pour obtenir une pluie immédiate. Et voilà que, pendant qu'on transportait le corps de Giuseppina à l'église, le ciel, qui était d'un azur parfait, se couvre tout à coup de nuages, et une pluie tranquille et abondante rafraîchit les riantes campagnes et remplit les citernes desséchées.

Une autre faveur fut accordée le même jour à François Zacca de Burello. Il avait usé vainement de tous les secours de la médecine pour se débarrasser de violentes douleurs rhumatismales. Au moment où se formait le cortège qui devait conduire la dépouille mortelle de Giuseppina au lieu de son repos, il se dit : « *Je suis certain que s'il* « *m'était possible de porter le cercueil de la* « *Servante de Dieu, elle m'obtiendrait ma gué-* « *rison.* » Les jeunes gens de Pedara s'étaient réservé cet honneur, mais Zacca fit tant et si bien qu'il put réaliser son pieux désir ; à peine était-on parvenu à l'église de l'Annonciation qu'il se sentit délivré de ses douleurs, si longtemps rebelles.

Enfin au moment même où Giuseppina expirait, elle apparut, en songe, à sa compagne Thérèse Caudullo, qui se trouvait au Pensionnat de Sainte-Agathe al Borgo, à Catane. Elle était vêtue de blanc, resplendissante d'une céleste beauté et environnée d'autres jeunes vierges ; elle suivait Marie et prenait son essor vers les cieux. Thérèse

Caudullo s'éveilla, et tout en larmes annonça aux personnes de l'Etablissement que Giuseppina était morte. Quelques heures plus tard la nouvelle de cette mort arrivait de Pedara.

XIV

A l'anniversaire de la pieuse mort de Giuseppina, son amie, Thérèse Caudullo, malade, crut la voir, et il lui sembla qu'elles avaient ensemble l'entretien suivant :

« *Je désire que le vicaire* (l'abbé Gaétano Pulvi-
« renti), *l'abbé François Consoli et Dom Salva-*
« *tore Recupero aillent visiter mon corps.*

« — *Mais n'es-tu pas un cadavre ?* reprit Thé-
« rèse.

« — *Oui*, répondit Giuseppina, *mais mon corps*
« *est intact ; ils y trouveront des signes de sain-*
« *teté dont l'Eglise parlera plus tard. Va trouver*
« *ton confesseur* (l'abbé François Consoli), *tu lui*
« *diras que je veux qu'on habille mon corps et*
« *qu'on le retire au plus tôt de l'endroit où il est*
« *déposé.* »

CHASSE OU REPOSE LE CORPS

INTACT DE GIUSEPPINA FARO

Thérèse rapporta la vision à son confesseur qui n'ajouta pas foi à ses paroles, estimant tout cela de pures imaginations.

Huit jours après Thérèse crut de nouveau voir son amie qui lui dit :

« *Je veux être retirée du lieu où l'on m'a ense-*
« *velie.*

« — *Mais, dans quel but ? N'es-tu pas un*
« *cadavre ?* reprit Thérèse.

« — *Si, mais mon corps est intact. Je désirais*
« *faire plus de bien en restant sur la terre ;*
« *mais pour le bien que j'ai fait, le Seigneur n'a*
« *pas voulu que j'y demeurasse davantage, il a*
« *voulu m'emmener près de lui au ciel et voilà*
« *que maintenant Il·veut me glorifier pour le*
« *bien même que j'ai fait. Tons ceux qui auront*
« *confiance en moi obtiendront par mon inter-*
« *cession grâces et miracles dont l'Eglise parlera*
« *plus tard.* »

Thérèse crut la voir une troisième fois, et il lui sembla qu'elle lui tenait encore ce langage :

« *Je veux que mon corps soit retiré de son tom-*
« *beau et vêtu tout à neuf.*

« — *J'ai peur d'aller t'habiller,* répliqua Thé-
« *rèse, parce qu'en t'habillant tes membres pour-*
« *raient se briser.*

« — *Non,* répondit Giuseppina, *n'as-tu plus de*
« *foi ?*

« — *Si,* dit Thérèse.

« — *Je te dis donc de me déshabiller, de me*
« *vêtir ensuite ; tu trouveras mes membres*
« *chauds.* »

Nous verrons plus loin que cette parole de Giuseppina s'accomplit à la lettre.

Une quatrième fois, Thérèse crut voir et entendre la Servante de Dieu qui lui dit :

« *Fais vite, car dans huit jours on apportera*
« *ici la dépouille d'un homme qui va mourir, et*
« *par suite du droit qu'il en a, son corps devra*
« *être déposé dans le tombeau où se trouve le mien ;*
« *or, mon corps ne pourra pas rester à côté du*
« *sien ; ôtez-moi d'ici avant que cela arrive.*

« — *Mais, mon confesseur ne me le permet pas,*
« reprit Thérèse.

« — *Et moi je te dis que la première grâce que*
« *j'obtiendrai sera pour lui. Du reste, si ton*
« *confesseur ne te le permet pas, va trouver ma*
« *mère ; je suis toujours sa fille.*

« — *Mois je ne puis aller t'habiller, puisque je*
« *suis malade.*

« — *La deuxième grâce que j'obtiendrai sera*
« *pour toi. Ne prends plus de remède, aussitôt*
« *que tu toucheras mon corps, tu seras guérie. Je*
« *veux que Monseigneur C. Zanghi fasse mon*
« *oraison funèbre ; il a en moi une grande con-*
« *fiance.*

« — *Mais je ne connais pas Monseigneur*
« *Zanghi,* reprit Thérèse. »

Alors, il lui sembla que Giuseppina lui présentait un prêtre dont les traits ressemblaient parfaitement à ceux du prélat qu'elle lui désignait, et elle lui dit :

« *Le voilà.* Elle ajouta : *Il viendra une foule de* « *personnes qui me proclameront Bienheureuse* « *et Sainte. Faites donc vite ; tu appelleras avec* « *toi Maria Torresi et Carmela Squatrito et* « *vous direz trois* Gloria Patri *en l'honneur de la* « *Sainte Trinité avant de me revêtir de mes* « *nouveaux vêtements.* »

Marie Privitera, dans le même temps, vit trois fois en songe la Servante de Dieu qui lui dit : « *Dites à ma mère qu'elle fasse habiller mon* « *corps à neuf.* »

Les trois prêtres désignés : le vicaire Gaétano Pulvirenti, l'abbé François Consoli et Dom Salvatore Recupero, connaissant la sainteté de Giuseppina, viennent en secret à l'église de l'Annonciation pour se rendre compte de l'état du corps de la défunte. Ils descendent dans le tombeau, ouvrent le cercueil où il avait été placé. O merveille, ils le trouvent entièrement intact et flexible. Ils rendent grâces alors à la Vierge Marie qui glorifiait d'une façon si éclatante sa fille bien-aimée. L'heureuse nouvelle fit tressaillir de joie tout Pedara, et gagna rapidement les pays voisins. Mgr l'archevêque de Catane en fut au plus vite informé, et, avec sa permission. on décida de transporter le corps de la Servante de Dieu dans une chambre tenant au cimetière et située derrière le maître-autel de l'église de l'Annonciation. La famille Faro y fit élever un modeste mais gracieux mausolée de marbre surmonté d'une châsse en bois où l'on déposa le corps virginal de Giuseppina. « *Mettez-moi dans une châsse,* » avait-elle dit dans une de ses apparitions.

Tout ce que la Servante de Dieu avait annoncé se réalisa. La fièvre quitta Thérèse Caudullo qui ne pouvait se tenir sur ses jambes, et que ses compagnes avait dû soutenir pour aller à l'église ; aussitôt qu'elle eût touché le corps vénéré, elle fut guérie. Elles trouvèrent ce précieux corps chaud ; tout émerveillée, Thérèse courut l'annoncer aux prêtres qui attendaient à la sacristie.

Marie Consoli s'approcha de Thérèse et lui dit que Giuseppina avait accordé à sa famille sa première grâce en sauvant son petit neveu d'un très grand danger.

Huit jours plus tard, comme l'avait annoncé Giuseppina, on apporta au cimetière de l'église le cadavre d'un homme mort à Acireale, et on le déposa où étaient précédemment les restes très purs de la douce vierge.

On compte sept apparitions de Giuseppina, et, dans la dernière elle annonça que beaucoup d'hommes après avoir visité ses restes s'en retourneraient convertis. C'est ce qui arriva égalementment. Plusieurs incrédules venus au tombeau de Giuseppina le sourire sur les lèvres, pour se moquer, s'en retournèrent repentants et résolus à mener désormais une vie chrétienne.

Le 10 juin 1872 on célébra solennellement à la la grande église de Pedara l'anniversaire de sa mort. En ce jour il y eut à Pedara une solennelle manifestation de foi qui fut en même temps un splendide hommage à la vertu de la sainte jeune fille. La foule qui s'y porta de Catane, d'Acireale et des pays voisins fut immense. Non seulement les gens du peuple, mais les prêtres et les dignitaires du clergé, les gentilshommes et des personnes de la plus haute noblesse accoururent pour admirer de leurs propres yeux la dépouille mortelle intacte de la Servante de Dieu. On ne se rassasiait pas de la regarder, on était saisi d'une vive émotion, on ne se retirait pas sans avoir obtenu quelques reliques. La manifestation ne finit pas avec le jour, mais on vit encore plus tard des étrangers en grand nombre, monter à l'église de l'Annonciation visiter le tombeau de la vierge et l'implorer pour obtenir des grâces du ciel ; on était plus enclin à se placer sous la protection de la défunte qu'à prier pour le repos de son âme. A la fin de l'office, Monseigneur C. Zanghi prononça une éloquente et magnifique oraison funèbre qui émut profondément l'auditoire. Il s'appliqua à prouver que Giuseppina fut bien l'image et la

gloire de Dieu, réalisant cette parole des Saints Livres : *Imago et gloria Dei est.* Il termine son exorde par cette superbe apostrophe : « O habi-
« tants de Pedara, un an s'est écoulé depuis les
« jours où vous pleuriez inconsolables le départ
« et la mort de l'incomparable enfant Giuseppina
« Faro ; vos soupirs sont changés aujourd'hui en
« accents de joie d'une extrême douceur dans la-
« quelle vous vous unissez aux heureux parents de
« la défunte dont le corps touché par la froide
« mort est resté intact dans le tombeau. Je m'as-
« socie à votre joie, moi aussi. Je ne l'ai pas
« connue comme vous, ses compatriotes et ses
« voisins, mais j'ai eu le bonheur de l'avoir
« comme concitoyenne durant les deux années
« qu'elle passa dans l'antique monastère de Saint-
« Benoit de ma ville. Comme un lis odoriférant,
« elle y répandit la bonne odeur des vertus. En
« l'approchant pour remplir envers elle un mi-
« nistère qui est devenu pour moi une gloire, il
« me fut impossible de ne pas respirer ce parfum.
« Je me sentais porté sans cesse à parler d'elle à
« ses vénérables sœurs qui en demeuraient stupé-
« faites et ne pouvaient qu'attester la vertu si
« extraordinaire, les dons célestes si excellents,
« les grâces si étonnantes dont le Saint-Esprit
« inondait son cœur. Ausi je ne viens pas ici
« comme un étranger quelconque auquel on aurait
« demandé de célébrer la mémoire de votre chère

« défunte dans un de ces éloges d'usage, vains,
« souvent mensongers, fondés seulement sur
« l'opinion d'autrui. Je savais tout le mérite de
« *votre* Giuseppina, disons mieux, de *notre* Giu-
« seppina, car elle elle est aussi à nous Catanais,
« par les regrets profonds qu'elle laissa dans notre
« cité et dans tant d'âmes confiées aux soins de
« mon ministère. »

L'illustre orateur termina son discours par ce présage si agréable aux compatriotes de la défunte, qu'un jour viendrait où, Dieu ayant glorifié l'aimable vierge, son nom serait écrit au catalogue des Saints.

XV

TRENTE ans se sont écoulés depuis la mort bienheureuse de la Servante de Dieu et son corps virginal reste toujours intact. C'est un prodige qui ne peut s'expliquer par les lois de la nature, d'autant plus que ce corps transpire et demeure en même temps incorruptible. Son tombeau est visité sans cesse, on y a vu de distingués prélats et d'insignes personnages. Les grâces obtenues par l'intercession de Giuseppina, sont très nombreuses et constatées, rappelons-en brièvement quelques-unes.

Veneranda Turrisi, épouse de Paul Bellia, depuis longtemps atteinte d'une faiblesse générale des nerfs, en était venue à ne plus pouvoir supporter de nourriture. Les médecins, du reste, la regardaient comme perdue. Le jour même où Giuseppina s'envola au ciel, Bellia qui connaissait sa sainteté puisqu'il l'avait vu prodiguer à sa femme malade les soins les plus touchants, se mit à lui recommander l'infortunée Veneranda dans de ferventes prières. Il persévérait dans sa demande, lorsqu'une nuit, elle lui apparut en songe et lui dit de se tenir tranquille désormais, parce qu'elle avait obtenu la grâce désirée et que sa femme serait guérie. C'est ce qui arriva : Veneranda abandonna tous les remèdes, guérit, et jouit depuis d'une parfaite santé. Elle habite à Catane, paroisse del Borgo.

Salvatore Turrisi, de Macchia, hameau de Giarre, ressentait partout des douleurs rhumatismales très aiguës, et malgré tous les remèdes, n'éprouvait aucun soulagement. Sa femme ayant entendu parler des grâces obtenues par l'intercession de l'angélique Giuseppina, se procura de ses reliques, et, assurée d'obtenir la guérison de son mari, elle les posa un soir sous son oreiller. Le lendemain, Salvatore, joyeux, se leva parfaitement guéri.

Salvatore Marletta, de Catane, perdit presque complétement la vue à la suite d'une ophtalmie très douloureuse. Les médecins lui avouèrent enfin que tout espoir de guérison était perdu. Très affligé il se mit à prier avec ardeur et confiance la vierge de Pedara afin qu'elle lui obtint de Dieu la grâce de recouvrer la vue. Celle-ci lui revint tout à coup en posant sur ses yeux un cheveu de la Servante de Dieu.

Dans le courant du mois de juin 1887, une dame Rosini Zappala, née Manguilli, de Catane, mais originaire de Naples, souffrait d'un affreux cancer. Le mal était arrivé à sa dernière période, elle était abandonnée des médecins. Un de ses cousins de Pedara ayant entendu parler de son mal et du triste état où elle était réduite, lui envoya une image de la vierge Giuseppina et une petite fiole d'huile prise aux lampes qui brûlent devant la châsse où repose la Servante de Dieu. La bonne dame reçut avec joie l'image et l'huile. Pleine de foi et d'espérance, elle se recommanda à la vierge de Pedara. Aussitôt qu'elle se fut frottée avec cette huile, elle se trouva guérie, et descendit soudain de son lit au grand étonnement de tous les siens. Quelque temps plus tard, on la vit se prosterner devant la châsse qui renferme le corps intact de Giuseppina, versant des larmes de joie en pensant à la grâce insigne qu'elle avait obtenue.

Antonio Tomaselli, sacristain de l'église de l'Annonciation, oublia un soir d'allumer la lampe de la chambre où est déposé le corps de la Servante de Dieu. Il était couché dans une pièce tenant à l'église, quand, au milieu de son sommeil, il se sent réveillé par une voix qui lui crie : « *An-* « *tonio, pourquoi me laisses-tu dans l'obscurité?* »

Quelques individus de Giarre, joli village situé sur le chemin de Messine à Aciréale, étaient venus à Pedara pour les vendanges. Ils prièrent sœur Thérèse Caudullo de leur faire voir le corps intact de Giuseppina. Mais on ne put trouver la clé de la châsse ; ils en étaient fort contristés quand l'un d'eux, incrédule de marque, dit d'un ton insolent : « *Si Giuseppina est sainte, la châsse* « *devrait s'ouvrir d'elle-même.* » Qu'on juge de leur étonnement quand ils virent la châsse s'ouvrir en effet et la porte tomber sur les bras de sœur Thérèse, comme la couverture d'un livre qu'on mettrait à dos sur une table. Une autre fois, la châsse s'ouvrit encore d'elle-même en présence de Thérèse Caudullo.

François Auteri, parent de Giuseppina, lui avait promis un anneau si elle lui obtenait une grâce, mais il oublia sa promesse quand il eut ce qu'il désirait. La Servante de Dieu apparut une nuit en songe à sœur Thérèse et se plaignit à elle du manque de parole de François : « *François Au-* « *teri*, dit-elle, *m'a demaudé de lui obtenir une* « *grâce, me promettant un anneau. La grâce, il*

« *l'a obtenue, mais il ne m'a pas apporté l'anneau.* »
Il faut remarquer que Thérèse n'avait nullement
entendu parler de la grâce désirée, ni de la promesse faite. Aussi quel fut l'étonnement d'Auteri
quand Thérèse lui fit savoir la plainte de Giuseppina, d'autant plus qu'il n'avait dit mot à personne de ce qui s'était passé.

En 1886, l'Etna en feu menaçait de sa lave brûlante le village de Nicolosi, et jetait aussi dans
l'épouvante les habitants de Pedara. De Nicolosi,
on accourut au tombeau de la Servante de Dieu
pour implorer sa protection contre le danger. Tout
à coup un des assistants s'écria : « *Giuseppina, si*
« *vous nous avez obtenu grâce, donnez-nous en un*
« *signe.* » Et voilà qu'à l'admiration de tous, le
corps virginal étend les bras. La lave qui arrivait
s'arrête ; Nicolosi était sauvé et les habitants pouvaient rentrer dans leurs maisons.

Le R. P. Paolo Proto, bénédictin, et le chanoine
Lucien Marceno, vice-secrétaire de Monseigneur
Dusmet, archevêque de Catane, désireux de
contempler les restes vénérables de la Servante de
Dieu, se rendirent à l'Annonciation en compagnie
de Thérèse Caudullo. Ayant trouvé l'église fermée,
ils envoyèrent chercher le sacristain. Celui-ci
était parti pour Catane : « *Eh! bien*, dirent-ils à
« Thérèse, *faites ouvrir par Giuseppina.* » Sœur

Thérèse s'approcha de la porte en toute simplicité et dit : « *Giuseppina, ouvre-nous.* » Et la porte s'ouvrit immédiatement.

Un homme avait de grandes dettes vis à vis du Seigneur. Il vint de Catane visiter le corps de Giuseppina. A peine arrivé de Pedara, il s'enquiert de l'endroit où se trouvent les précieux restes : « *A* « *l'église de l'Annonciation,* lui dit-on, *mais à* « *cette heure, elle est fermée.* » — « *Merci,* répond- « il, *si Giuseppina est sainte, l'église s'ouvrira* « *seule.* » L'église était réellement fermée, mais Sœur Thérèse Caudullo et Marie Pappalardo s'y trouvaient. Sœur Thérèse se sent poussée à dire à sa compagne : « *Marie, allez ouvrir la porte, il* « *peut se faire que quelqu'un vienne pour voir* « *Giuseppina.* » Celle-ci obéit, et qu'on juge de son étonnement, quand elle vit devant elle, à cette heure insolite, un inconnu qui, regardant ce qui arrivait comme un miracle, se met à crier : « *Vive* « *la sainte! Vive la sainte!* » se frappe humble- ment la poitrine en demandant pardon à Dieu de ses fautes, et promet de s'amender.

Carmela Forzesi Petronia, Virginie Tomaselli et Marie Merluzzo recoururent à l'intercession de Giuseppina pour l'heureuse naissance de leurs en- fants, et elles en obtinrent une protection signalée et efficace.

Carmela lui attribue en outre la guérison de son mari qui était tombé gravement malade.

Anne Petronio, de Pedara, demeurant à Catane, envoya un anneau au tombeau de Giuseppina en reconnaissance de la guérison d'un petit enfant que lui avait obtenue la douce vierge.

Dame Mariette Guerrera, de Rapisardi, envoya un petit enfant en cire pour une pareille grâce.

Madame M. N..., de Catane, était en discussion avec un parent avec lequel elle habitait. Il l'avait chassée de la maison. Elle recourut à la Servante de Dieu et trouva en rentrant la paix et la joie.

Sœur Marie Addolorata Bonaccorsi dut à Giuseppina d'avoir pu entrer au couvent.

Marie Fichera lui offrit un anneau en reconnaissance de la protection qu'elle lui donna lorsqu'il s'agit du placement d'une de ses filles.

Un jour dans les vignes, Carmela Pappalardo s'aperçoit de la disparition de sa petite fille. Elle la cherche en vain jusqu'à une heure très avancée dans la nuit. Alors elle invoque son amie et la retrouve de suite.

Les médecins avaient condamné une jeune fille de Belpasso comme phtysique. Ses parents craignant qu'elle ne communiquât sa maladie à d'autres membres de la famille, la portèrent dans une autre maison. La pauvre malade s'adressa à Giuseppina qui la guérit.

Giuseppina Cannella obtint de la Servante de Dieu la guérison de rhumatismes qui la faisaient souffrir depuis un certain temps.

Beaucoup de malades furent guéris par l'attouchement d'un tablier dont Giuseppina se servait durant sa vie. Parmi eux citons Joseph Caudullo qui fut parfaitement débarrassé d'une douleur persistante au côté.

Un malade qui depuis longtemps ne s'était pas approché des sacrements, fut guéri et demanda à se confesser après qu'on lui eut fait toucher une relique de la sainte.

Le docteur Basile, avec la permission du cardinal Dusmet, toucha une jambe de la Servante de Dieu. Pendant trois jours, ses doigts restèrent embaumés d'un parfum suave qu'il fit respirer au vénéré cardinal.

Giuseppina Basile priait ainsi devant les restes

vénérables de la Servante de Dieu : « *Giuseppina,*
« *si vraiment tu es sainte, l'année prochaine tu de-*
« *vrais m'appeler vers toi dans le paradis.* » Elle
fut exaucée ; l'année suivante elle quitta la terre
d'exil pour la vraie patrie.

Il était venu une excroissance de chair sous le
menton de la petite Thérèse Consoli Toscano, nièce
d'Angèle Consoli. Les médecins reconnurent que
c'était un kyste et jugèrent une opération nécessaire. Les parents de l'enfant invoquèrent Giuseppina, leur angélique cousine, et trois jours après
toute trace de mal avait disparu.

En 1877, un prêtre français du diocèse de Langres se trouvant pour quelques jours chez Mgr
Dusmet, archevêque de Catane, eut le bonheur
d'accompagner cet illustre prélat dans un voyage
qu'il fit à Pedara, et d'y vénérer le corps de Giuseppina. Une des nuits qui suivirent son retour à Catane, ce prêtre se vit en songe possesseur d'un
livre et d'un mouchoir de la Servante de Dieu. Dans
le même temps, sœur Thérèse Caudullo, qui ne
connaissait pas plus ce prêtre qu'elle n'était connue
de lui, se trouvait aussi à Catane. La nuit il lui
sembla que Giuseppina lui apparessait et lui disait : « *Va à la cathédrale, tu y trouveras un*
« *prêtre français organiste ; tu lui porteras un*
« *de mes livres et un de mes mouchoirs.* » Sœur

Thérèse prit alors dans la bibliothèque de M. l'avocat Faro, oncle de Giuseppina, un livre que celle-ci avait coutume de lire pendant sa vie. Elle prit aussi un mouchoir qu'elle-même conservait comme une relique de son amie et s'en vint à l'église. Là elle trouva le prêtre français et lui dit : « *Désirez-* « *vous quelque relique de Giuseppina?* — Sur sa « réponse affirmative, elle ajouta : « *Voici qu'elle* « *vous envoie un de ses livres et un de ses mou-* « *choirs.* » Cependant Mgr l'Archevêque voyant ces belles reliques, désira en avoir une et prit pour lui le livre. Or quelques minutes s'étaient à peine écoulées qu'un second livre de Giuseppina était remis au prêtre français par l'intermédiaire du R. P. Paolo Proto, en présence de M. le chanoine Luciano Marceno. Mgr l'Archevêque, non moins surpris que le prêtre français de ce second envoi, dit alors à celui-ci : « *Sans doute que Giuseppina* « *veut se faire connaître en France.* »

Dans la première semaine du mois de mai 1900, le Père Cipolla, jésuite d'Aci Reale, vint à Pedara portant une lettre, qu'une personne pieuse l'avait prié de déposer sur le corps de Giuseppina. Il demanda donc la clef de la première porte de la châsse, mais ne crut pas nécessaire de demander celle de la porte intérieure, qui est vitrée. Il se disait : « *Il suffira que je mette la lettre sur la* « *châsse.* » Il ouvre donc la première porte et se

met à prier. Tout-à-coup la seconde porte s'ouvre
violemment. Le P. Cipolla croyant qu'elle s'ou-
vrait ainsi d'elle-même, la referme. Mais voilà que
cette porte s'ouvre une seconde fois. Alors le
Père eut la pensée de mettre la lettre sur le corps
béni de Giuseppina. Après l'y avoir laissée quelques instants, il la retira et referma de nouveau la
porte vitrée, qui ne s'ouvrit plus. Avant de s'en
retourner, le Père voulant se rendre compte de ce
qui venait d'arriver, essaya d'ouvrir cette porte ;
ce fut en vain. Le lendemain le Père Cipolla re-
tourna vers la châsse, cette fois avec la clef de la
porte vitrée. Mais impossible d'ouvrir cette porte ;
la clef s'y rompit, tant la serrure était rouillée. Il
fallut avoir recours à un serrurier, et refaire serrure et clef.

L'éminent docteur G. Pappalardo, dont on lira
plus loin le Rapport sur l'état actuel du corps de
la Servante de Dieu, souffrait depuis plusieurs
semaines de violentes douleurs dans une jambe
et ne pouvait plus marcher. Après avoir essayé en
vain tous les remèdes de son art, il eut recours à Giuseppina. Il l'invoqua avec foi et confiance, et à l'attouchement d'une de ses reliques il fut aussitôt guéri.

Dieu glorifiait sa servante au sein du peuple qui
l'avait possédée. Mais la réputation de Giuseppina
devait franchir les mers et se répandre en France.

XVI

AUTRES FAVEURS OBTENUES PAR L'INTERCESSION
DE GIUSEPPINA.

DANS le courant de janvier 1880, deux Sœurs de Saint-Vincent de Paul attachées à l'Hôpital militaire de Saint-Laurent, à Langres, furent atteintes d'une terrible maladie qui les emporta en peu de jours. Une de leurs compagnes, Sœur Louise, fut presque aussitôt atteinte du même mal et non moins dangereusement, de sorte qu'on dut bientôt lui administrer les derniers sacrements. Son confesseur, ému de la peine qu'éprouvaient les religieuses de l'hospice par suite de ces morts inopinées, demanda à son neveu un mouchoir de la Servante de Dieu rapporté de Catane en 1877, et le remit de suite à la malade. Les religieuses commencèrent alors à recommander avec ferveur à Giuseppina la pauvre infirme qui avait perdu connaissance. Le lendemain, Sœur Louise se sentait bien mieux, et en peu de temps elle recouvra une santé parfaite.

Au mois de février de la même année 1880, mourait à Langres une personne du nom d'Isabelle Maréchal. Dès le début de sa maladie, la pensée de la mort lui causait un effroi et un tourment extrêmes. A peine lui eut-on placé entre les mains le portrait de Giuseppina et un morceau de linge déposé autrefois sur le corps vénérable de la vierge, qu'elle recouvra le calme et la paix et fit de tout son cœur un acte de résignation à la sainte volonté de Dieu.

Sur la fin de l'année 1883, Anna Fauconnier, de Langres, âgée de 15 ans, fut atteinte d'une violente fièvre typhoïde, rebelle à tous les soins prodigués par les médecins qui déclarèrent bientôt qu'ils ne voyaient aucun espoir de guérison. Un prêtre, touché de compassion pour la pauvre malade et sa famille en larmes, lui porta un petit morceau de linge qui avait reposé sur le corps vénérable de la vierge de Pedara, en recommandant à ses parents de la prier pour obtenir la guérison d'Anna. Or, le lendemain ou le surlendemain, les médecins revenant visiter la malade la trouvèrent hors de danger.

Madame de Clock, pieuse et noble dame de

Langres, mère d'une nombreuse famille, fut atteinte, dans les premiers mois de l'année 1891, de violentes douleurs à la tête qui firent craindre une dangereuse maladie du cerveau. Elle souffrait depuis six semaines déjà sans pouvoir trouver aucun adoucissement à son mal. Elle reçut alors une relique de la Servante de Dieu, elle la plaça sur la tête avec une grande confiance : les crises diminuèrent et disparurent promptement.

Mais Dieu voulut encore l'éprouver par une autre maladie grave. Elle fut atteinte d'une forte congestion aux poumons compliquée d'une gastrite et de fréquentes crises nerveuses qui la réduisirent en si triste état que les médecins désespérèrent de la sauver.

La pieuse malade ne perdit pas confiance. Elle gardait malgré tout un ferme espoir que Giuseppina lui obtiendrait sa guérison, et sans cesse elle la conjurait de prendre pitié d'elle. On pria pour elle à Pedara en union avec sa famille et son pieux Directeur. La foi et la prière obtinrent ce que la science et l'art étaient impuissants à lui rendre : elle fut parfaitement guérie. Convaincue qu'elle devait cette faveur à l'angélique vierge, Madame de Clock écrivit à la mère de Giuseppina, Madame Théresa Faro, pour lui exprimer la reconnaissance dont débordait son cœur.

Sa lettre contient une gracieuse allusion : « J'ai imploré pendant tout le temps ainsi que

« ma famille, votre chère Joséphine pour obtenir ma
« guérison, qui vint enfin *selon l'espérance que*
« *vous m'en aviez donnée.* »

Au mois de juillet 1897, Mlle M. Bachmann, de
Langres, fut atteinte d'une inflammation très douloureuse à l'index de la main droite. Le docteur
crut devoir y faire une incision, puis cautériser la
plaie. Une certaine amélioration s'en suivit. Mais
au mois de juin 1898, le mal reparut plus violent
que jamais. Divers traitements employés ne pro-
duisirent aucun résultat. Le mal empirait, et donnait lieu de craindre que Mlle Bachmann ne perdit
la première phalange du doigt. Fatiguée de n'obtenir aucun soulagement, un soir la malade abandonne tous les remèdes et se contente de placer
sur son doigt un fragment de linge de Giuseppina.
La nuit elle repose très bien ; en se réveillant le
lendemain, elle s'aperçoit que son doigt était parfaitement guéri.

Depuis plus de six mois, les rapports entre les
membres d'une famille étaient très tendus. Enfin, à
la suite d'une discussion, une rupture complète
éclata. Au bout de quelques semaines trois personnes de cette famille attristées de cette désunion,
commencèrent une neuvaine de prières à la Servante de Dieu, la conjurant de faire cesser cet

état de choses par sa puissante intercession. Le deuxième jour de la neuvaine, la personne la plus aigrie revenait d'elle-même trouver les autres membres de la famille avec lesquels elle n'avait plus de rapports; et sans aucune explication, les cœurs de nouveau étaient réunis dans les sentiments de la charité la plus cordiale.

Comme complément de cette réconciliation, un membre de la famille, qui pendant longtemps n'avait pas rempli le devoir pascal, s'est approché depuis régulièrement chaque année de la Sainte Table.

Une jeune personne d'un tempérament nerveux et d'une sensibiltté exagérée, était depuis plusieurs années dans le découragement ; elle se sentait sans défense et sans force contre les attaques de ses passions et les révoltes de son imagination. D'autre part, elle était aigrie contre ses parents qui voulaient lui imposer pour son avenir des projets qui lui répugnaient ; et elle s'était séparée d'eux. Ayant entendu parler de Giuseppina, et reçu un petit morceau de son linge, elle lui recommanda ses intérêts. Aussitôt les imaginations et les tentations disparurent, et peu après la Providence lui ménagea d'une manière tout à fait imprévue le moyen de rentrer dans les bonnes grâces de sa famille de la façon la plus complète. Elle attribue ces deux grâces à la protection de la Servante de Dieu.

Une jeune personne avait fait vœu de ne pas se marier et de vivre dans la chasteté. Après plusieurs années, elle entra comme servante dans une maison où régnait l'esprit mondain. Peu à peu elle subit l'influence de cet esprit. Une occasion favorable de se marier se présentant, elle cherchait à obtenir de Rome la commutation de son vœu. Sur ces entrefaites, quelqu'un lui donna un petit morceau de linge de Giuseppina, l'exhortant à le porter avec dévotion et à confier son avenir à la Servante de Dieu. Elle suivit docilement ce conseil. Aussitôt la lumière se fit ; elle comprit que son projet de mariage n'était qu'une illusion dangereuse. Elle s'en alla chercher auprès de pieuses religieuses la paix de l'âme et la fidélité à Jésus qu'elle avait failli perdre dans le monde. Depuis cette époque, elle a reconnu qu'en maintes circonstances Giuseppina l'avait protégée visiblement.

Pendant longtemps une personne avait eu beaucoup à souffrir de troubles, d'inquiétudes de conscience et de tentations pénibles, dangereuses et fréquentes. Un jour on lui donna un petit morceau de linge de Giuseppina ; elle l'attache à son scapulaire, le porte avec foi, et se confie dans la protection de la Servante de Dieu. En quelques jours, les tentations et les inquiétudes cessent. Elles étaient remplacées par la paix et l'énergie spirituelle. Et cet état d'âme persévère depuis plusieurs années.

Lucie Bralé, femme de Julien Thiébaut, âgée de 32 ans, fut atteinte d'une phlébite. Elle était alitée depuis sept mois, lorsqu'un jour son beau-frère, M. l'abbé Thiébaut, curé dans le diocèse Troyes, lui donna une petite relique de la Servante de Dieu. La malade la reçut avec foi et confiance et se recommanda à Giuseppina. Aussitôt elle alla mieux ; peu de temps après, elle était complètement guérie.

Dans une paroisse du diocèse de Dijon, un homme qui ne s'était pas approché des sacrements depuis au moins quarante ans et n'allait jamais à l'église, fut atteint d'une maladie mortelle. Sa fille, religieuse du Cœur Immaculé de Marie, accourut aussitôt pour essayer de le disposer à mourir chrétiennement. Pendant plusieurs jours, prières, exhortations, tout fut inutile. Le malade refusait de recevoir la visite d'un prêtre. Un jour on donna à la pauvre sœur un petit morceau de linge de Giuseppina. Elle s'empresse de le placer sous le chevet du malade et de confier la conversion de celui-ci à la servante de Dieu. Aussitôt les dispositions de son père changent ; non seulement il accepte la visite du curé de sa paroisse, mais il se confesse, communie et reçoit l'extrême-onction, avec une grande foi et une grande piété. Et pendant les quelques jours qu'il vécut encore, son bonheur était de lire ou de se faire lire la Vie des Saints. Il mourut dans les sentiments les plus chrétiens.

Dans la même localité, un pécheur sans foi, en même temps dur et hautain vis-à-vis de sa famille, tomba malade. On le recommande aussitôt à Guiseppina ; et cet homme dont on redoutait les mauvaises dispositions se trouve tout à coup changé. Il reçoit les derniers sacrements avec pitié, et il meurt la prière sur les lèvres. « *Ce que « Dieu fait est bien fait* », disait-il quelques instants avant d'expirer.

Sœur Priscille, de la Providence de Langres, directrice à l'école de Doulaincourt, d'une faible santé, fut atteinte dans le courant de l'année 1898 d'une fluxion de poitrine si dangereuse que, de l'avis de plusieurs médecins, il n'y avait pas d'espoir de guérison. Elle se prépara donc à la mort et reçut les derniers sacrements. Alors on lui remit une petite relique de Giuseppina, et toute la communauté demanda à Dieu sa guérison par l'intercession de la vierge de Pedara. Le lendemain le danger de mort avait disparu. Bientôt après, sœur Priscille était revenue à son état ordinaire de santé.

Madame J. Thiériot, de Ferrières, dans le diocèse de Langres, était atteinte d'un goître intérieur qui, de l'avis du médecin, la mettait en danger de mourir étouffée. Le mal avait tellement augmenté qu'elle ne pouvait plus se livrer à aucune occupation et se trouvait forcée de rester dans un repos absolu. Dans les derniers jours du mois d'août 1898, elle reçut et porta avec piété et confiance un petit morceau de linge de Giuseppina. Elle fit en l'honneur de la vierge de Pedara une neuvaine qu'elle termina en se confessant et en communiant. A dater de cette époque, le mal diminua rapidement, et bientôt disparut complètement. Madame Thiériot n'hésita pas à attribuer sa guérison à l'intercession de la Servante de Dieu.

Une pensionnaire du Refuge Sainte-Anne, de Chatillon-sous-Bagneux, déjà âgée et infirme, était chaque nuit, depuis plusieurs mois, en proie à des quintes de toux extrêmement violentes et rebelles à tous les remèdes. Elle fit une neuvaine en l'honneur de Giuseppina. A dater de la fin de la neuvaine les quintes disparurent complètement.

Dans le même Refuge se trouvait une jeune poitrinaire qui ressentait des points de côté très douloureux. On lui donne une relique de Giuseppina ; elle prie avec ferveur la Servante de Dieu, et les points de côté cessent. Mais Dieu par l'intercession de Giuseppina, lui accorda une autre grâce plus précieuse. Cette pauvre enfant avait eu beaucoup à souffrir dans le monde de la part de plusieurs personnes. Elle ne pouvait leur pardonner le mal qu'elles lui avaient fait. Mais quand elle eut le petit morceau de linge de la Servante de Dieu, ses dispositions soudain changèrent ; elle pardonna généreusement. Quelque temps après, elle mourait tranquillement dans la paix du Seigneur.

Un prêtre redoutait beaucoup d'aller voir une personne sérieusement malade, dont le mari avait une réputation d'anti-clérical assez avancé. Il craignait de se heurter à un refus du mari. Il eut recours à la Servante de Dieu. Et voilà que le mari lui-même le fait appeler et le prie en des termes pleins de cordialité de voir la malade, et de lui donner tous les secours de la religion qu'il jugerait opportuns ; ce qui eut lieu.

Le même prêtre eut également recours à Giuseppina en allant visiter une personne octogénaire, gravement malade, et qui ne voulait point recevoir les secours de la religion. Et voilà qu'il la trouve parfaitement disposée à se confesser et désireuse de recevoir le Saint Viatique et l'Extrême-Onction. Elle reçut en effet les derniers sacrements et mourut dans les sentiments de la foi et de la piété la plus vive.

Une personne était depuis plusieurs mois tellement débilitée qu'elle ne pouvait plus rien faire. De plus, la moindre chose l'émotionnait, de sorte qu'elle était presque continuellement en larmes. Elle reçut un jour une petite relique de Giuseppina et la porta pieusement. Aussitôt son impressionnabilité disparut, ses forces revinrent. Au bout de quelques jours elle avait retrouvé son état normal.

Une Communauté religieuse se trouvait engagée dans un procès interminable et dont on ne pouvait prévoir l'issue. Fatiguée d'attendre un jugement qui n'arrivait pas, la Supérieure eut recours à Giuseppina, lui demandant que le procès fût terminé au plus tôt, quel qu'en dût être le resultat. Or, dans l'espace d'un mois, le procès fut terminé, et la Communauté eut gain de cause.

M. François Bobay, de Belfort, était atteint d'une phtisie pulmonaire. La maladie était arrivée à sa dernière période, et les médecins avaient déclaré que la mort était prochaine, quand on lui donna une relique de Giuseppina. Il la reçut avec foi et confiance et pria la Servante de Dieu. A dater de ce moment le malade se trouva mieux. De jour en jour l'amélioration augmenta, et bientôt le malade put reprendre ses occupations ordinaires. Il a écrit lui-même la relation détaillée de ce qui lui est arrivé ; cette relation a été envoyée à Pedara.

Dans le courant de l'année 1900, une dame catholique de Londres (Angleterre), Mme Hildebrand, tomba dangereusement malade. Son amie, Sœur Françoise, de la Providence de Langres, lui envoya un morceau de linge de Guiseppina. Mme Hildebrand porta ce morceau de linge et pria avec confiance. Alors tout danger disparut et la malade fut promptement guérie.

Une personne de Leffonds, dans le diocèse de Langres, âgée de 32 ans, habitait Paris depuis plusieurs années. Vers le milieu de l'année 1900, se sentant affaiblie et souffrante, elle consulta successivement deux médecins qui déclarèrent qu'elle était atteinte d'une sérieuse maladie de poitrine. Elle avait un petit morceau de linge de Giuseppina. Elle le porta et pria avec confiance la Servante de Dieu. Au bout de quelques semaines, se trouvant mieux, elle consulta un médecin qui lui assura qu'elle n'avait plus rien à la poitrine. Depuis cette époque, cette personne jouit d'une parfaite santé.

Une personne qui avait fait vœu de virginité se trouvait éprouvée depuis longtemps par de violentes tentations, et exposée dans certaines circonstances à de grands dangers pour sa vertu. Un jour elle reçut un morceau de linge de la Servante de Dieu ; elle l'attacha à son scapulaire et commença à prier Giuseppina avec confiance. Depuis qu'elle la prie, elle n'éprouve plus les tentations qui lui étaient si pénibles, et elle est courageuse pour résister aux dangers et surtout pour les éloigner.

Une autre personne disait : « Depuis que j'ai « une relique de Giuseppina, c'est toujours avec « succès que j'ai invoqué la Servante de Dieu dans « les tentations. »

Le 6 novembre 1900, Eugénie Gouroux, en religion Sœur Marie-Abel, de la Providence de Langres, fut frappée d'une attaque de paralysie. Tout le côté droit du corps était inerte, elle ne pouvait plus parler. Un médecin et un prêtre furent aussitôt appelés. Le médecin dit au prêtre : « C'est « extrêmement grave, je ne vois pas d'espoir de « guérison ; faites ce que vous avez à faire. » Après avoir rempli son ministère, le prêtre mit dans la main gauche de la malade une relique de Giuseppina. La pauvre malade, avec bien de la peine, la porta à ses lèvres pour la baiser. On commença aussitôt une neuvaine de prières à la Servante de Dieu. Or chaque jour apportait une amélioration visible dans l'état de la malade. A la fin de la neuvaine, Sœur Marie-Abel parlait et la paralysie du côté droit n'existait plus. Il ne restait qu'un état de faiblesse générale qui, à son tour, disparut en peu de temps.

Vers le milieu du mois de février 1901, un jeune prêtre du diocèse de Langres fut atteint d'une maladie de poitrine qui le mit rapidement en danger de mort. Le médecin ne lui donnait plus que trois ou quatre jours à vivre, lorsqu'un ami de ce jeune prêtre lui remit une image et un morceau de linge de Giuseppina Faro. En même temps de pieuses religieuses commençaient une neuvaine de prières pour obtenir sa guérison par l'intercession de la Servante de Dieu. Or à dater du premier jour de la neuvaine une amélioration sensible se produisit dans l'état du malade et augmenta régulièrement. Le médecin, très étonné du fait, constatait, à chaque visite faite au malade, que les plaies et cavernes tuberculeuses se cicatrisaient parfaitement sans aucun médicament. Au bout de peu de temps le malade était hors de danger.

Au printemps de l'année 1901, une jeune fille de 15 ans, nommée Marie Clévy, élève de l'Orphelinat agricole de Villegusien (Haute-Marne), se trouvait occupée à la laiterie. S'étant approchée d'une machine à écrèmer le lait, elle fut saisie à la manche droite de sa robe par une clavette de l'axe de la machine. L'étoffe du vêtement s'enroulant autour de l'axe entraînait fortement la jeune fille. Bientôt son corsage fut pris ; en quelques secondes la pauvre enfant se trouva courbée à la renverse sur l'axe, violemment serrée et soulevée de terre. Dans sa frayeur la pensée de la Servante de Dieu lui vient ; « *Joséphine ! Joséphine !* » s'écrie-t-elle de toutes ses forces. Une sœur entend ce cri, elle accourt et elle voit contre toute attente la machine s'arrêter presque subitement. Elle coupe les vêtements de Marie Clévy engagés dans la machine. La pauvre enfant, toute tremblante d'émotion, était hors de danger. Le premier mot qu'elle pût dire fut celui-ci : « La Bienheureuse Joséphine « m'a sauvée. » Cette jeune fille portait toujours une relique de la Servante de Dieu attachée à son scapulaire.

Le 19 juin 1901, sur l'avis des médecins, Madame Rosa Becker, d'Ettlingen (Grand Duché de Bade), atteinte de la maladie qu'on appelle le *rein flottant,* entrait à l'hospice de Carlsruhe pour être opérée. Comme elle était d'une santé très délicate et qu'elle avait été en danger de mort quelques semaines auparavant, sa famille redoutait extrêmement cette opération. Une de ses sœurs lui envoya alors une relique de Giuseppina, en lui recommandant de prier la Servante de Dieu, ce qu'elle fit. Or les médecins l'ayant examinée de nouveau, déclarent cette fois que l'opération est complètement inutile. La malade elle-même, ne ressentant plus aucune souffrance, rentre tout heureuse dans sa famille. Elle a joui depuis d'une très bonne santé.

Une personne, par ses fautes graves, avait perdu la grâce de Dieu. Elle va se confesser ; mais elle reçoit mal la sainte absolution, trompée qu'elle était par une autre personne dangereuse à qui elle avait imprudemment confié les secrets de son âme, et qui lui avait fait promettre de ne pas parler de certaines fautes en confession, l'assurant qu'elle n'avait pas à s'en inquiéter. Cependant elle n'était pas tranquille, Un an après, elle entend parler de Giuseppina, elle se sent animée d'une vive dévotion pour la vierge de Pedara. Elle la prie ; aussitôt la lumière se fait, elle voit le triste état de son âme. Elle s'empresse d'aller confesser sincèrement toutes ses fautes et elle retrouve ainsi l'amitié de Dieu et la paix.

Depuis le mois de décembre 1888, une personne du diocèse de Langres était affligée de crises violentes et fréquentes qui provoquaient des perturbations nerveuses accompagnées d'une obsession mo-

rale et de troubles de conscience extrêmement
pénibles. Les médecins avaient tout essayé pour
remédier au mal sans aucun résultat. La pauvre
infirme avait multiplié des neuvaines de prières ;
elle n'avait rien obtenu. Elle avait une relique de
Giuseppina, mais elle n'avait qu'une médiocre
confiance en la Servante de Dieu. Le 19 sep-
tembre 1901, une crise très violente la travaillait
depuis plusieurs heures. L'effroi la saisissait en
pensant aux conséquences de cette crise. Tout à
coup, un sentiment de confiance extraordinaire en
Giuseppina s'empare d'elle. Elle jette un cri suppliant à la Vierge de Pedara ; le mal physique
presque aussitôt s'apaise. Elle renouvelle sa prière ;
bientôt l'obsession morale et les troubles dispa-
raissent. Depuis cette époque elle n'a plus éprouvé
de crises et la paix de son âme n'a plus été
troublée.

Un homme de Nancy, depuis plus de cinquante
ans, avait abandonné toute pratique religieuse.
Depuis longtemps il se trouvait en outre brouillé
avec sa famille et avait rompu toute relation avec
elle. Il tomba malade. Une religieuse appelée à le
soigner, ne voyant aucun moyen de le ramener à
des sentiments chrétiens, fit attacher par la femme
du malade aux vêtements de celui-ci un petit
fragment de linge de la Servante de Dieu. Elle
commença en même temps une neuvaine à la

Vierge de Pedara pour la conversion du malade. Le quatrième jour de la neuvaine, elle lui propose de recevoir la visite d'un prêtre. Contre toute attente le malade accepte. En même temps il fait venir ses parents et leur demande pardon de tous les torts qu'il avait eus envers eux. Il se confesse et reçoit les derniers sacrements dans les sentiments de la foi la plus vive. Une heure après, il mourait dans la paix du Seigneur.

Une femme de Nancy, déjà âgée, dont la maison laissait beaucoup à désirer sous le rapport de la religion et de la morale, était tombée gravement malade. Les dispositions déplorables de deux personnes de sa famille qui vivaient avec elle, non moins que ses dispositions personnelles, ne permettaient pas d'espérer qu'un prêtre put pénétrer dans sa demeure et lui offrir les secours de la religion. Cette infortunée avait d'ailleurs signé l'engament de ne pas se faire enterrer religieusement. Une sœur garde-malade ayant appris l'état de cette personne et les dangers que courait son âme, s'ingénia par tous les moyens possibles pour aborder la malade ; elle y parvint. A peine entrée dans la chambre, elle dépose sur le lit de la malade, sans que celle-ci s'en aperçoive, un fragment de linge de la Servante de Dieu. Aussitôt les dispositions de l'infirme sont changées. Elle-même en est stupéfaite : « *Que m'avez vous fait ?* disait-elle à la sœur, *je ne suis plus la même.* » Et voilà que cette bonne sœur lui amène un prêtre. Devant lui, la malade déchire l'engagement déplorable qu'elle avait signé ; elle le remplace par une déclaration écrite où elle demande formellement un enterrement religieux. Elle se confesse, reçoit les derniers secours de la religion, et fait une mort très-édifiante.

Une personne de Charmoilles (diocèse de Langres) était anémique depuis dix-huit mois. Elle fit une neuvaine à Giuseppina. L'anémie disparut.

La sœur de cette personne, depuis deux ou trois mois, souffrait beaucoup d'un doigt où elle avait eu autrefois un panaris. Elle aussi fit une neuvaine à la Servante de Dieu. Le quatrième jour de la neuvaine le doigt était guéri.

Un prêtre chargé de desservir deux paroisses éprouvait dans une jambe des douleurs qui lui rendaient très pénible l'accomplissement de son ministère. Le médecin prescrivit un traitement qui devait durer un temps considérable. A la suite de nouvelles fatigues, le mal empira de telle sorte que la veille de la fête de la paroisse annexe, le pauvre curé se sentit dans l'impossibilité d'y célébrer les offices du lendemain. Il recourut à l'intercession de la Servante de Dieu. Pendant la nuit il appliqua

sur sa jambe une relique de Giuseppina ; le lendemain il put faire ses offices comme d'habitude:.
Pendant deux ou trois autres nuits il renouvela:
cette application. Le mal disparut complètement.

La mère de ce prêtre souffrait dans la hanche de
douleurs si vives qu'elle jetait des cris perçants
chaque fois qu'elle essayait de faire le moindre
mouvement dans son lit. A son tour elle eut
recours à Giuseppina. Un soir elle plaça une
relique de la Servante de Dieu sur le siège du
mal. Quelques instants après, elle s'endormait
paisiblement. Le lendemain matin elle se réveil-
lait parfaitement guérie.

Une Enfant de Marie de Pessac (diocèse de
Bordeaux) avait dû subir une opération au cou ;
mais la plaie ne s'était pas refermée. La pieuse
jeune fille en était très peinée. Quelqu'un lui ayant
donné la vie de Giuseppina et un petit morceau de linge de la Servante de Dieu, elle fit
une neuvaine en l'honneur de la vierge de Pedara
et obtint promptement sa guérison.

Une religieuse avait eu connaissance d'un délit,
purement matériel, commis par une personne au
préjudice d'une autre. Cette dernière, soupçonnant
que la sœur pouvait avoir acquis cette connaissance, demanda à la police de l'interroger sur ce
sujet. Le commissaire en chef de la localité envoya

donc à la bonne sœur une invitation à comparaître devant lui. La pauvre sœur, se doutant bien du motif qui la faisait appeler, tomba dans une grande anxiété. Elle craignait, si on lui posait certaines questions, de nuire à une famille honorable en répondant selon la vérité. D'autre part, elle ne voulait à aucun prix s'en tirer par un mensonge. Avant de se rendre auprès du commissaire, elle se recommande à la Servante de Dieu. Et voilà que le commissaire ne lui pose que des questions auxquelles elle pouvait parfaitement répondre sans blesser ni la vérité, ni la charité.

Un prêtre depuis un an préparait des enfants de sa paroisse à leur première communion. Mais ces enfants ne répondaient nullement à ses soins. Le bon curé en était désolé. L'instituteur de la commune, homme très respectable et plein de foi, lui disait trois semaines avant la première communion : « A votre place, Monsieur le curé, je ne « leur ferais pas leur première communion. » Le pauvre curé s'adresse alors à Giuseppina ; les enfants eux-mêmes la prient. Bientôt les voilà complètement changés. Ils font admirablement la retraite préparatoire, et reçoivent la sainte Eucharistie dans les meilleures dispositions.

Une jeune fille de Fourmies (Nord), nommée Marie Mangin, souffrait depuis longtemps d'une maladie nerveuse et d'une anémie très prononcée. Elle était presque toujours alitée et incapable de travailler. Dans les derniers temps, elle éprouvait en outre de vives douleurs dans le bras droit. Ayant lu la vie de Giuseppina, elle se mit à prier avec confiance la Servante de Dieu. Elle lui demandait sa guérison. Elle lui demandait aussi de lui procurer, ainsi qu'à sa mère, un travail dont elles avaient besoin pour vivre. Or dans la nuit du 7 mai 1902, voilà que Marie Mangin crut apercevoir près d'elle Giuseppina elle-même. La Servante de Dieu s'approcha de la malade, lui toucha le bras dont elle souffrait le plus. Au bout de quelques instants la vision disparut. Marie Mangin était guérie. Quelques jours après, la mère et la fille trouvaient un travail inespéré.

A Langres, deux Enfants de Marie atteintes, la plus jeune d'une maladie de poitrine très avancée, l'autre d'une maladie inguérissable d'estomac, avaient toutes les deux une tendre dévotion envers Giuseppina. « *C'est ma tante,* » disait la jeune poitrinaire. On lui demanda pourquoi elle donnait ce nom à la Servante de Dieu. Elle répondit : « *Je suis Enfant de Marie, la Sainte Vierge est* « *donc ma Mère du Ciel, Mais* ajouta-t-elle, *je* « *suis bien aise d'y avoir aussi une tante, et c'est* « *Giuseppina.* » Peu de temps avant sa mort, quelqu'un lui conseillait d'implorer sa guérison par l'intercession de la Vierge de Pedara, afin que cette guérison servît à la cause de cette douce vierge. « *Sans doute,* répondit-elle, *je désire vive-* « *ment qu'elle soit déclarée Bienheureuse, cependant* « *je ne lui demanderai pas ma guérison ; j'aime* « *mieux offrir le sacrifice de ma vie pour la conver-* « *sion des pécheurs, si le bon Dieu veut bien l'ac-* « *cepter.* » Elle mourait en effet au bout de quelques semaines.

Deux mois après, l'autre Enfant de Marie mourait à son tour. La proposition de demander sa guérison par l'intercession de Giuseppina lui avait été faite également. Or, sans avoir pu assurément s'entendre avec sa jeune compagne, elle avait fait la même réponse : « *Je préfère,* avait-elle dit, « *offrir ma vie à Dieu pour la conversion des pé-* « *cheurs.* »

Ce sacrifice si généreux dans ces deux Enfants de la Sainte Vierge, ce sacrifice qui approche de l'héroïsme, ne serait-il pas un fruit de leur dévotion à l'angélique Giuseppina, qui avait elle-même une si grande compassion pour les malheureux et les pécheurs ? Il y a bien lieu de le penser.

XVII

RAPPORT DU DOCTEUR GIOVANNI PAPPALARDO,

DE PEDARA,

SUR L'ÉTAT ACTUEL DU CORPS DE LA SERVANTE

DE DIEU, GIUSEPPINA FARO.

POUR que le lecteur puisse se faire une idée exacte de l'état du corps de la Servante de Dieu, nous donnons ici le Rapport du Docteur Pappalardo.

Pedara, 7 août 1896.

..... Voici ce que je puis vous dire au sujet du corps de la Servante de Dieu, Giuseppina Faro, de Pedara, en Sicile.

Il faut remarquer avant tout que Giuseppina Faro, décédée le 24 mai 1871, fut ensevelie dans un cercueil de zinc et déposée au cimetière dans une fosse qui n'appartenait pas à sa famille et qu'elle y demeura onze mois. Pour la transporter ensuite ailleurs, on l'exhuma de cette fosse, et son corps fut trouvé baignant dans une certaine quantité d'un liquide séreux. *Sans trop se soucier de la conservation du corps* et aussi parce qu'on n'avait pas trouvé d'endroit plus favorable, on le déposa dans un lieu extrêmement humide, et en partie exposé à l'air qui, par les fissures de la châsse mortuaire mal conditionnée, pénétrait en grande quantité. C'est là que jusqu'à présent il s'est conservé en l'état où je vous l'écris.

Actuellement on remarque *que, malgré les conditions extrêmement défavorables où s'est trouvé le cadavre, il est néanmoins resté si parfaitement conservé dans les parties musculaires et osseuses, qu'on peut le reconnaître dans les traits du visage.* On constate que la peau desséchée et amaigrie qui présente une couleur brun-orange, se trouve appliquée d'une façon si parfaite sur les muscles qui sont en dessous, qu'on peut les compter et en suivre les lignes.

Si avec le doigt on fait une légère pression sur les muscles, on les voit céder facilement, puis reprendre ensuite leur place sans qu'aucune trace de pression subsiste.

Les chairs sont restées adhérentes aux os. Du reste les côtes, les cartilages du sternum, les phalanges, les phalangines et les phalangettes des doigts des mains et des pieds sont à leur place sans qu'on puisse y remarquer aucune déchirure ou aucun détachement, conservant la convexité et la position qu'ils avaient durant la vie. De même la *tête se trouve fermement unie au tronc, les grandes et les petites articulations des membres supérieurs et inférieurs conservent scrupuleusement leurs points d'attache.*

Quant aux mouvements des articulations, on peut dire qu'ils n'existent plus dans les petites, mais ils sont suffisamment conservés dans les grandes, comme par exemple dans l'articulation coxo-fémorale, dans la scapulo-humérale, ce qui permet de changer plusieurs fois l'année les vêtements dont le corps est revêtu.

Les dents sont bien conservées, chacune se trouve dans son alvéole, fortement attachée à la gencive qui est desséchée.

A la région temporale droite et aussi un peu au-dessous de la racine du nez, on remarque que la peau extrêmement amaigrie et percée de petits trous, ce qu'il faut probablement attribuer à ce que cette partie du corps se trouve continuellement exposée, non seulement à l'influence de l'air, mais encore, à cause de la position du corps, à l'action directe de la lumière.

Les cheveux ont dû tomber pour la même raison, mais on assure qu'ils sont demeurés attachés à leur place 14 ou 15 ans après la mort.

Ce qui excite le plus l'étonnement et l'admiration, c'est de constater que le globe de l'œil droit est parfaitement conservé au *point de laisser croire que s'il était possible d'injecter un peu de liquide à l'intérieur du globe de l'œil, on pourrait de nouveau donner la vie et rendre le mouvement à cet organe éteint depuis un quart de siècle.* Si l'on observe attentivement cet œil, on remarque que le globe en est légèrement contracté, mais la sclérotique et la choroïde sont parfaitement intactes, de même que la cornée et les conjonctives relatives. Dans cet œil, en parfait état, sain et vivant, il ne manque que l'humeur vitrée et cristalline.

Le globe de l'œil gauche dans son ensemble est aussi bien conservé que le droit, mais il n'a pas la forme de ce dernier, il est affaissé et comme pressé par la paupière inférieure. *Si l'on examine le visage du cadavre du côté droit, en se plaçant à sa partie inférieure, c'est-à dire aux pieds, on peut facilement voir que non seulement Giuseppina a l'œil ouvert, mais qu'elle l'a fixé là-haut, vers le Ciel qui fut toujours l'aspiration de sa vie.*

Je puis encore ajouter qu'en approchant de la châsse et surtout en ouvrant la porte intérieure, on respire une odeur des plus suaves, que je ne saurais préciser, mais qui se rapproche beaucoup du parfum des roses. J'ai demandé plusieurs fois aux aimables et pieuses gardiennes du corps de Giuseppina d'où pouvait provenir cette odeur, mais aucune d'elles n'a jamais pu m'expliquer ce surprenant phénomène ; je me sens incapable de l'expliquer moi-même.

Voilà tout ce que j'ai pu observer et très humblement cherché à décrire. Mais je reste convaincu et assuré que la conservation aussi grande et aussi parfaite du corps de Giuseppina Faro peut être regardée comme un des plus étranges phénomènes qui se puisse rencontrer.

D. Giovanni Pappalardo.

Les personnes qui obtiendraient des grâces par l'intercession de la Servante de Dieu, sont instamment priées d'envoyer la relation écrite de ces grâces à l'une des deux adresses suivantes :

Rev. Vicario di Pedara, provincia di Catania, Italia, Sicilia.
M. l'abbé N. Couturier, à la Maîtrise de Langres (Hte-Marne).

TABLE

X

XI

XII

XIII

XIV

XV

XVI

XVII

LANGRES. — IMPRIMERIE MAITRIER ET COURTOT

www.ingramcontent.com/pod-product-compliance
Ingram Content Group UK Ltd.
Pitfield, Milton Keynes, MK11 3LW, UK
UKHW022039070726
13613UKWH00002B/593